Oswald Bayer

# Aus Glauben leben

## Über Rechtfertigung und Heiligung



Calwer Verlag Stuttgart

CIP-Kurztitelaufnahme der Deutschen Bibliothek

*Bayer, Oswald:*
Aus Glauben leben : Über Rechtfertigung u. Heiligung /
Oswald Bayer. - Stuttgart : Calwer Verlag, 1984.
(Calwer Paperback)
ISBN 3-7668-0757-9

ISBN 3-7668-0757-9


Umschlag: Otfried Kegel
Satz: Typobauer Filmsatz GmbH, Scharnhausen
Druck: Gutmann + Co. GmbH, Heilbronn

# Inhalt

# Vorwort

»Aus Glauben leben« ist die programmatische Formel des Paulus (Römer 1,17), die im folgenden entfaltet wird. In sie verdichtet sich nicht nur der ganze Römerbrief, nicht nur die ganze Theologie des Apostels, sondern die Botschaft der ganzen Bibel. Was besagt es, kraft des Glaubens zu leben? Des Glaubens, den Gottes machtvolles Wort schafft und mitteilt?

Wer die Antwort auf diese Frage sucht, kann dabei von Martin Luther lernen. Ihm gingen, wie er berichtet, die Tore zum Paradies wieder auf, als ihm die Wahrheit dieser Formel widerfuhr und er erkannte, daß die Gerechtigkeit des Glaubens allein darin besteht, von Gottes Wort gerechtfertigt zu sein und mit ihm »Vergebung der Sünde, Leben und Seligkeit« zu haben.

Daß in der Rechtfertigung allein aus Glauben die reformatorische Theologie Luthers ihre Mitte hat, scheint im allgemeinen kirchlichen und theologischen Bewußtsein gegenwärtig zu sein. Der Schein trügt. Weil die Tiefe und Weite dessen, was Rechtfertigung allein aus Glauben ist, kaum mehr wahrgenommen wird, kann in Wahrheit auch nicht verstanden sein, daß sie die Mitte ist. Wird die paulinisch-reformatorische Rechtfertigungslehre aber unverstanden weitergegeben, in leeren Formeln also, dann darf man sich nicht wundern, daß mit ihrer Weitergabe meist eine Verlegenheit verbunden ist - ein Ton der Entschuldigung und die ängstliche Frage, ob sie denn dem heutigen Menschen überhaupt noch etwas zu sagen habe, der ja nicht nach Gottes Gnade, sondern - vermeintlich radikaler - nach Gottes Existenz frage.

Die Absicht dieses Traktats ist es nicht, die Rechtfertigungslehre zu entschuldigen, sondern sie in ihrer unüberbietbaren Weite und Tiefe ernst zu nehmen. Das Thema der Rechtfertigung ist kein Einzelthema, neben dem es noch andere Themen geben könnte. Es hat prinzipielle Bedeutung und betrifft jedes Thema. Die Rechtfertigung betrifft nicht nur die eigene Lebensgeschichte, nicht nur die Weltgeschichte, sondern auch die Naturgeschichte; sie betrifft alle Dinge.

So kommt auch die »Heiligung« zur Rechtfertigung nicht hinzu. Mit ihr wird vielmehr nichts anderes als noch einmal die Rechtfertigung

zum Thema. In diesem Sinne geht das Fünfte Kapitel (»Glaube und Heiligung«) auf die Frage nach dem Verhältnis von Rechtfertigung und Heiligung ein, wie sie schon beim späteren Melanchthon aufkommt und seit dem Pietismus und Methodismus ein solches Gewicht gewinnt, daß das reformatorische Verständnis der Rechtfertigung mehr oder weniger verdunkelt wurde.
Um solche Verdunkelung zu lichten und den mit ihr zusammenhängenden Problemen der geistigen Situation der Neuzeit kritisch begegnen zu können, hilft es, bei Luther zu lernen. Die vorliegende Entfaltung der paulinischen Formel »Aus Glauben leben« orientiert sich durchgehend an Texten des Paulusauslegers Martin Luther; sie will damit zugleich auch eine Einführung in seine Theologie sein.
Als Quelle werden bevorzugt Luthers Vorreden zur Bibel gebraucht. Es soll damit auf diese in der Darstellung von Luthers Theologie meist vernachlässigten Texte besonders aufmerksam gemacht werden. Wie die Katechismen und seine Lieder enthalten sie das Ergebnis seiner theologischen Arbeit; in einer handlichen Sammlung (s. Anm. 25) sind sie leicht zugänglich. Zwei weitere Texte, die für die Darstellung grundlegend sind, werden in einem Anhang beigegeben.
Grundzüge des vorliegenden Traktats über die Rechtfertigung habe ich 1974/75 in Vorlesungen an der Ruhr-Universität Bochum vorgetragen. Im Unterschied zu den Bochumer fachphilosophischen und fachtheologischen Erörterungen sucht dieser Tübinger Traktat Fachbegriffe zu vermeiden und an den wenigen Stellen, an denen sie nicht zu vermeiden sind, erläuternd einzuführen. Der Text möchte allgemein verständlich sein, also nicht nur Theologen dienen, sondern jedem interessierten Christen und Nichtchristen. Das vergleichsweise schwierige Zweite Kapitel kann beim ersten Lesen übergangen werden.
Dem Herausgeber und Verlag danke ich für viel Ermutigung, Frau Gisela Hauber und Frau Isolde Thill für ihren Einsatz und ihre Sorgfalt bei der Anfertigung der Reinschrift. Weit mehr noch als an früheren Arbeiten hat meine Frau an dieser Arbeit teilgenommen. Ohne ihre große Geduld und beharrliche Kritik hätte ich diesen Traktat weder angefangen noch zu Ende gebracht. Gewidmet ist er unseren Kindern, die für die Arbeit ihres Vaters viel Verständnis haben.

Tübingen, 14. Juli 1984 *Oswald Bayer*

Erstes Kapitel:
# Im Streit der Rechtfertigungen

## *Wer bin ich?*

Wer sich rechtfertigt, steht unter dem Zwang, sich rechtfertigen zu müssen. Keiner kann diesem Zwang entrinnen. Weil keiner der Frage des andern entrinnen kann: Warum hast du das getan? Was hast du dabei gedacht? Hättest du es nicht anders tun können? Im Blick des andern auf uns und im Blick auf uns selbst finden wir uns immer schon als solche vor, die gefragt werden und die antworten müssen, die angeklagt werden und sich rechtfertigen müssen. Vor Gericht kommt nur in besonderer Zuspitzung heraus, was unser ganzes Leben ausmacht. Die Welt des Gerichtes ist keine absolute Sonderwelt, sondern nur ein besonders auffallender Spezialfall dessen, was immer und überall gilt.

Der Frage des andern und der Beurteilung durch ihn vermag sich keiner zu entziehen. Ob einer den andern gelten läßt oder nicht, ihn grüßt oder nicht grüßt, ihn anerkennt - was nicht nur im Lob, sondern auch im Tadel geschieht, nicht nur in der Zustimmung, sondern auch im Widerspruch -, oder ob einer den andern nicht anerkennt, ihn für nichts achtet, das entscheidet über unser Sein und Nichtsein. Nur erkanntes und anerkanntes Sein ist überhaupt Leben. Würde mich niemand mit meinem Namen anrufen, mich nicht grüßen, würde niemand mir Blick und Wort gönnen, dann wäre ich nicht nur ein soziales Nichts. Ich wäre auch ein physisches Nichts. Ich wäre überhaupt nicht am Leben, wenn meine Eltern mich nicht schon vor meiner Geburt anerkannt und mein Leben geachtet hätten. Ich hätte kein Leben mehr, wenn sie nach meiner Geburt mir nicht zuerst zugelächelt und mich angeredet hätten und in freundlicher Anrede mir Gemeinschaft eingeräumt, mich aufgenommen und anerkannt hätten. Ein Kind, das unerwünscht ist, spürt dies. Die Versagung bedingungsloser und zuvorkommender Anerkennung, die Versagung der Liebe, bestätigt nur die Notwendigkeit der Anerkennung. Die Versagung der Anerkennung ist ein schmerzhafter und darin besonders eindrücklicher Hinweis gerade auf ihre Notwendigkeit, auf ihre Lebensnotwendigkeit.

Gewährte Anerkennung will man sich, weil sie lebensnotwendig ist, erhalten. Man sucht ihre Erneuerung. Bleibt sie aus, sucht man sie zu erreichen oder gar zu erzwingen. Man will etwas vorweisen, von dem man sich verspricht, daß es Gefallen und Anerkennung finden könnte, daß es durch einen Blick und durch ein Wort belohnt werden könnte und so beantwortet würde.

Anerkannt und gerechtfertigt zu werden, sich rechtfertigen zu lassen, oder durch Gedanken, Gesinnungen, Worte und Taten sich selbst zu rechtfertigen, sein Dasein rechtfertigen zu müssen, oder einfach dasein zu dürfen und sich dafür nicht rechtfertigen zu müssen, das macht unser Glück oder Unglück aus und gehört unaufhebbar zu unserem Menschsein.

Menschen sind wir als vernünftige Lebewesen, das heißt als solche, die angeredet sind und deshalb hören und antworten können - aber auch: hören und antworten müssen, sich verantworten müssen. Darin sind wir schon immer soziale Lebewesen. Hören kann ich immer nur einen andern; anreden kann ich ebenfalls immer nur einen andern - mich selbst nur in abgeleiteter Weise. Mich im Gespräch mit mir selbst, mich in einem inneren Monolog bewegen und auf diese Weise denken kann ich nur unter Voraussetzung der Sprache, in der gegenseitige Anerkennung und Rechtfertigung geschieht. Als soziale Wesen leben wir aus dem gegebenen und gehörten Wort, das Anerkennung und Rechtfertigung gewährt - oder aber versagt.

Diese menschliche Grundbefindlichkeit hat sich in der europäischen Neuzeit in besonderem Maße verschärft und ist zur gnadenlosen Frage und Anklage geworden[1]: Mit welchem Recht gibt es dich überhaupt und gibt es dich vielmehr nicht? Mit welchem Recht bist du so, wie du bist, und nicht vielmehr anders? Unter dem Druck dieser Fragen muß jeder seine Existenzberechtigung unter Beweis stellen. Jeder hat ohne Pardon die totale Beweislast für sein eigenes Seindürfen und Soseindürfen. Sein ganzes Leben lang steht jeder vor einem Dauertribunal, bei dem er zugleich als Angeklagter, Ankläger und Richter agiert. Sein Leben lang sucht er Entschuldigungen dafür, daß er lebt, daß es ihn gibt und nicht vielmehr nicht gibt, und daß es ihn so gibt, wie es ihn gibt, und nicht vielmehr anders.

Paradebeispiel dafür ist die Tribunalsucht der französischen Revolution und das, was wir in weniger schmerzhaften und nur manchmal tödlichen Formen seit 1968 in der Bundesrepublik in der totalen Moralisierung erlebt haben. Die Übertribunalisierung der menschlichen Lebenswirklichkeit zeigt sich in den Jahren nach der französischen Revolution, im Stalinismus und Nationalsozialismus sowie in jenen politischen Verhältnissen, in denen das gesellschaftlich sich bildende Gewissen sich, wie von ihm erwartet, selbst bezichtigt, um vom Kollektiv Absolution zu erfahren. Darin zeigt sich die Tribunalisierung der menschlichen Lebenswirklichkeit besonders grell und gräßlich. Weicher und unbemerkter herrscht sie aber auch etwa in einer Kleingruppe oder im Bereich der Werbung, indem der Hausfrau ein schwarzes Gewissen gemacht wird, wenn sie nicht den Weißen Riesen nimmt. Die Selbstanklage wird im Werbefernsehen anschaulich: Der Mutter und Ehefrau, die nicht den richtigen Weichspüler nimmt, tritt das schlechte Gewissen als ihr anderes Ich zurechtweisend gegenüber.

Sich ständig rechtfertigen und darin sich selbst verwirklichen zu müssen oder aber von solchem Druck und Zwang befreit zu sein, das betrifft das Individuum in seinem Selbstverhältnis, in dem es gar nicht anders als durch das Verhältnis zu andern bestehen kann. Ein »autarkes«, von der Umwelt und ihrer Anerkennung gänzlich unabhängiges, Individuum gibt es nicht. Es ist immer sozial gebildet. Es ist Selbstbewußtsein, wie es sich herausgebildet hat und sich weiter bildet im Prozeß gegenseitiger Anerkennung. Das Bestreben, Gefallen in den Augen des andern zu finden, von ihm überhaupt bemerkt und nicht für Nichts gehalten zu werden, zeigt: Ich komme nicht zu mir selbst, ohne zur Welt zu kommen. Dies gilt nicht nur für die physische Geburt des Menschen, sondern auch für seine soziale Geburt. Zwischen dem Urteil anderer über mich und dem Urteil meiner selbst über mich werde ich unaufhörlich hin und her geworfen - bis zum Tod. Ständig suche ich mich des Urteils anderer über mich und meines eigenen Urteils über mich zu vergewissern, scheine hin und wieder zur Ruhe zu kommen, werde erneut unsicher. Meine »Identität« flattert; sie steht beständig in Frage. »Wer bin ich?« fragt Dietrich Bonhoeffer [2]. Bin ich das, was andere von mir sagen? Bin ich das, was ich selbst von mir weiß? Bin ich das, was sich im Balanceakt zwischen dem, wie ich mich beurteile, und dem, wie andere mich beurteilen, herausstellt? Diese Frage betrifft mein Sein selbst, nicht nur etwas Äußerliches an ihm; sie betrifft nicht nur die Schale, sondern den Kern. Es ist nicht etwa so, daß das Urteil zum Sein hinzukäme. Was ich bin, bin ich im Urteil meiner selbst über mich in der Verschränkung mit dem Urteil anderer über mich.

## *Weltgeschichte als Kampf um gegenseitige Anerkennung*

Wie es mit meiner eigenen Lebensgeschichte steht, so steht es auch mit der Weltgeschichte, in die meine Lebensgeschichte hineinverwoben ist. Die Weltgeschichte, vorsichtiger und nüchterner ist in der

Mehrzahl zu reden: die Geschichten großer gesellschaftlicher Gruppen, Bewegungen, die Geschichten von Herrschaftsverbänden, Staaten und Bündnisblöcken, die keineswegs zu einer Einheit, zu einer Weltgeschichte in der Einzahl, zusammenzureimen sind – diese Weltgeschichten sind ebenfalls nichts anderes als Geschichten der erstrebten, ertrotzten oder aber verweigerten, ausbleibenden gegenseitigen Anerkennung. Sie sind Geschichten der Rechtfertigungen und Schuldzuweisungen, ein einziger Kampf um gegenseitige Anerkennung, ein Kampf auf Leben und Tod. Insofern kann von der Weltgeschichte nun doch in der Einzahl geredet werden.
In diesem Kampf herrscht ein problematisches Verhältnis von Macht, Recht und Gerechtigkeit. Es spiegelt sich beispielhaft im Dialog der Athener mit den Meliern, den Thukydides in seiner Geschichte des Peloponnesischen Krieges (V, 89) als allgemeinmenschliche Erfahrung stilisiert. »›Wissen wir doch beide nur zu gut, daß es bei Verhandlungen unter Menschen nur dann Gerechtigkeit gibt, wenn beide unter dem gleichen Zwange stehen, daß dagegen die Überlegenen unternehmen, was möglich ist, und die Schwachen es ihnen zugestehen‹.«
Solche Geschichtserfahrung reicht von der Antike bis in die Neuzeit: Im Streit der Rechtfertigungen stellen sich abwechselnd Extreme wie Despotismus und Anarchie ein. Der Kampf um gegenseitige Anerkennung beruhigt sich vorübergehend oft so, wie Diderot es 1774 als Ausgang der französischen Revolution voraussah: Der »große Mann«, der sich erheben wird, »spricht zu den Menschen, die gerade noch alles zu sein glaubten: Ihr seid nichts. Und sie sprechen: Wir sind nichts. Und er spricht zu ihnen: Ich bin der Herr. Und sie sprechen wie aus einem Munde: Ihr seid der Herr. Und er spricht zu ihnen: Hier sind die Bedingungen, unter denen ich euch zu unterwerfen bereit bin. Und sie sprechen: Wir nehmen sie an . . .«[3]

*Geschichte der Natur: Kette der Schuld oder Kausalität?*

Nicht nur die eigene Lebensgeschichte, nicht nur die Weltgeschichte, sondern alles weltliche Sein, auch das der Naturgeschichte, läßt sich als Kampf um gegenseitige Anerkennung wahrnehmen, als Problem der Rechtfertigung, des Rechts und der Gerechtigkeit. Dies gilt, wie uns in der ökologischen Krise deutlich wird, jedenfalls für den Menschen in seinem Verhältnis zu seinen Mitgeschöpfen und deren Verhältnis zu ihm; Paulus spricht von der Schuld des Menschen an der Verknechtung, Ausbeutung und Unterdrückung der Natur (Römer 8,20 und 21). Er spricht von der Gewalttätigkeit des Menschen über die seiner Nichtigkeit und Ungerechtigkeit gegen ihren Willen unterworfene Kreatur. Wer so wie Paulus urteilt, kennt ein Recht der Natur und die Verantwortung des Menschen als »Pflichtträger der Natur«.[4]

Fast noch grundsätzlicher als Paulus redet von einer Rechtsgemeinschaft aller Dinge Anaximander von Milet in seinem Fragment - in dem ältesten uns überlieferten abendländischen philosophischen Text; er stammt aus der Zeit, in der noch alle Philosophie Naturphilosophie war. »Aus welchen Dingen aber die Genesis ist für die seienden Dinge, in diese hinein geschieht auch das Vergehen nach der Schuldigkeit. Denn es geben die Dinge einander Strafe und Buße für ihre Ungerechtigkeit nach der Anordnung der Zeit.«[5] In diesem Spruch zeigt sich noch ein ganz anderes Naturverständnis als etwa in der Stoa und ihrem Logosverständnis oder gar im neuzeitlichen Kausalitätsschema, dem Schema von Ursache und Wirkung. Nach Anaximander besteht der Weltzusammenhang darin, daß eines dem andern Rede und Antwort stehen, sich verantworten muß; in der Gerichtssprache ist von Strafe und Buße die Rede. Der Weltzusammenhang als ganzer, die ganze Natur, besteht also in einem solchen »forensischen«[6] Geschehen. Kosmische und moralische Weltordnung sind noch nicht auseinander getreten.[7] Die Weltordnung wird noch als sprachlicher Kommunikationszusammenhang wahrgenommen. In späterer Zeit wird aus der »Schuld« die »Ursache«. Die Bilder aus der Gerichtssprache verblassen zu abstrakten Begriffen, die der Formulierung der »Natur-Gesetze« dienen, die dann von den Gesetzen der Geschichte und vom Moralgesetz unterschieden werden. Bei Anaximander dagegen ist die physikalische Ordnung zugleich eine moralische und forensische.

Eine gerechte Weltordnung ist ohne den Gedanken des Gerichts nicht zu denken. Darin liegen Gemeinsamkeiten selbst so verschiedener Traditionen, wie sie griechische Antike und altes Israel darstellen. In den verschiedenen Traditionen der Weisheit Griechenlands, Israels und seiner Umwelt ist dieses Weltgefühl uns überkommen und gibt uns, gerade in ihrer Unterschiedenheit, zu denken.

Die Weisheit Israels führt uns zum Entscheidenden. Es gilt, die im strengen Sinne theologische Dimension des Rechtfertigungsproblems zu erkennen. Der Streit der Rechtfertigungen macht nicht halt vor Gott.

Das Buch Hiob, ein Buch der Weisheit Israels, zeigt exemplarisch, daß Leben sich nicht in anonymer Gesetzmäßigkeit vollzieht, sondern in Rede und Antwort, in einem Wortwechsel. Er kann sich bis dahin steigern, daß der Mensch Gott anruft und von ihm fordert, er möge sich rechtfertigen. Es geht darum, daß Gott gerechtfertigt wird. Von Hiob aus spannt sich der Bogen bis zu den gegenwärtigen Formen des Atheismus, die immer noch im Zusammenhang jenes Wortwechsels und des darin geschehenden Gefragt-Werdens und Sich-rechtfertigen-Müssens stehen.

Rechtfertigung, Recht, Gericht, Gerechtigkeit – das sind nicht nur Leitbegriffe eines vielschichtigen israelitischen Traditionsprozesses, der in sich durchaus auch dissonantisch ist, wie die Kontroverse zwischen Hiob und seinen Freunden zeigt. Das sind nicht nur Leitbegriffe eines Traditionsprozesses, der im Neuen Testament zu einem versöhnlichen Ende gekommen wäre und nur noch in der religiösen Sondersprache ausdrücklicher Bibelauslegung nachwirkte. Diese Begriffe sagen vielmehr jedem Zeitgenossen, der seine Augen vor den Phänomenen nicht verschließt, wie der Weltzusammenhang in Wahrheit ist: nämlich gar nicht als Zusammenhang, sondern vornehmlich im Streit und in den Rissen, in einem »Riß in der Schöpfung von oben bis unten« (Georg Büchner, »Dantons Tod«). Die Welt ist nicht in sich stimmig, nicht harmonisch, sondern klingt »wie gesprungene Glocken« (»Woyzeck«, Schluß). Deshalb stellt sich die Frage der »Theodizee«, des »Rechtsstreits um Gott«[8]. Es ist die Frage, ob angesichts des Bösen und des Leidens Gott und die Rede von ihm sich rechtfertigen lassen, ob Gott nicht »ungerecht« (Römer 3,5) sei.

Es ist uns deutlich geworden, daß das Wort »Rechtfertigung« in verschiedene Bereiche weist. Wir haben nacheinander auf sie geachtet: auf den Bereich der eigenen Lebensgeschichte, auf den Bereich der Weltgeschichte, auf den Bereich der Naturgeschichte – insgesamt: auf die Geschichte des Menschen mit Gott, die ebenfalls alles andere als eindeutig ist.

Alle diese Geschichten machen nicht etwa eine beschaulich zu betrachtende oder probeweise vorwegzunehmende bzw. hypothetisch und mit dem Vorbehalt der Revision zu bildende Sinntotalität aus. Sie sind vielmehr eine Kette von Rechtfertigungen, in denen der Kampf um gegenseitige Anerkennung tobt – bis dahin, daß etwa in den Psalmen und bei Hiob selbst Gott herausgefordert wird, sich zu rechtfertigen und sich endlich Anerkennung zu verschaffen, »auf daß du recht behaltest in deinen Worten und rein bleibest, wenn du gerichtet wirst« (Psalm 51,6). Gott begibt sich in den Rechtsstreit mit den Völkern, mit Israel, mit einem einzelnen wie Hiob. In der Neuzeit hat sich die Szene auf dem Gerichtsforum gewandelt. Bei Leibniz und bei Kant wird Gottes Sache und seine Gerechtigkeit vor dem Forum der Vernunft verhandelt und zur Entscheidung gebracht. Nach Hegels Philosophie der Weltgeschichte liegt die Rechtfertigung Gottes in der Geschichte; die Weltgeschichte ist das Weltgericht[9].

Zweites Kapitel:
# Rechtsstreit um Gott

Das Thema der Rechtfertigung ist kein Sonderthema, neben dem es auch noch andere Themen geben könnte. Es geht dabei ums Ganze. Daß die gesamte »Wirklichkeit« ein Streit der Rechtfertigungen ist, dürfte nicht zu leugnen sein. Keiner kann diesem Streit entrinnen. Wir werden nicht gefragt, ob wir in ihm leben wollen oder nicht. Noch im Selbstmord[10], den manche als Freitod bezeichnen in der Meinung, es gebe wenigstens an diesem letzten Punkt Freiheit, wird die Rechtfertigungsstruktur bestätigt. Denn ein Selbstmord ist oft mit einer Lebensbilanz verbunden, so daß der Mensch, wie es die Sprache verrät, sich selbst »richtet«. Auch noch diese letzte Handlung geschieht in der Struktur der Rechtfertigung und des Gerichts.

Freilich, in solchem Zusammenhang der Rechtfertigungen von Gott zu reden, ist nicht zwingend, heute weniger denn je. Es haben sich die allgemeinen Orientierungen, wie sie sich im philosophischen, insbesondere im metaphysischen Denken artikulieren, grundstürzend verändert, wie die neuzeitlichen Formen des Atheismus zeigen. Nicht aber haben sich die Lebenssituationen als Rechtfertigungssituationen des Menschen in seiner Welt geändert. Sie haben sich vielmehr ungeheuer verschärft. Seit Leibniz ist vornehmlich die Frage der Theodizee das Schlüsselproblem des neuzeitlichen Weltverständnisses, ja sogar des neuzeitlichen Weltverhältnisses, also nicht nur der Reflexion der Erfahrung, sondern der Erfahrung und damit der Lebenswelt selber. Durch eine Säkularisierung der Frage der Theodizee ist nun der Mensch unentrinnbar und ganz mit dem Richten belastet. Das hat tödliche Folgen, denen man zu entfliehen sucht. Es entstehen die bekannten Entlastungsmechanismen, nach denen immer die anderen unrecht haben, wir selber aber nicht. Die Tribunalisierung geht bis dahin, daß die Existenz des Menschen total zu rechtfertigen ist und dauernd in Frage steht[11]. Seine Existenzberechtigung hat der Mensch dauernd nachzuweisen. Wir müssen dauernd zeigen, daß wir es verdienen, da zu sein, beachtet, angesprochen, gegrüßt, geehrt oder auch des Widerspruchs gewürdigt zu werden.

Ist die moderne Problematik eine Säkularisierung der alten Frage des Hiob, dann müssen wir zum Verständnis unserer Situation auf sie zurückgehen.

Der Streit der Rechtfertigungen findet seine Zuspitzung im Rechtsstreit um Gott. Warum muß der Gerechte leiden? Warum wehrt Gott dem Bösen nicht? Warum greift Gott nicht ein? Warum läßt er sich nicht sehen? Warum entzieht er sich? »Mein Gott, mein Gott, warum hast du mich verlassen?« (Psalm 22,2).
»Warum?« In dieser Frage und Klage ist eine Wunde offen; sie schmerzt. Ein urmenschlicher Drang will sie schließen. Er will die mit ihr unabweisbar sich stellende metaphysische Frage nach dem Grund und einer mit ihm gegebenen Stimmigkeit der Welt abschließend beantworten. Eine solche Antwort verspricht er sich von dem »einen Grund« und seiner Güte.
Bei den Antworten lassen sich vor allem zwei Arten unterscheiden. Die eine ist eher eine Sache des betrachtenden Denkens; wir nennen sie die »kontemplative Theodizee«. Die andere Art sucht die Antwort eher im Handeln; wir nennen sie die »aktive Theodizee«.

### *Kontemplative Theodizee*

Schon Platon hält die Leidenserfahrung der Tragödie nicht mehr aus und beschwört die Einheit eines guten Grundes und guten Ziels. Das Leiden ist letztlich nur Schein: »Der Gott ist schuldlos«[12]. Auch für Augustin kann Leid und Widersinn im einzelnen die Ordnung im ganzen nicht widerlegen; »mehr ist nämlich das Ganze als ein Teil«[13]. Dies bleibt ein entscheidendes Argument noch bei Leibniz, der im Gebrauch des Kunstworts »Theodizee« die spezifisch neuzeitliche Fragestellung festlegt. In seinen Essais de Théodicée von 1710 handelt er von der Güte Gottes, von der Freiheit des Menschen und vom Ursprung des Übels. »Das metaphysische Übel besteht in der einfachen Unvollkommenheit, das physische im Leiden und das moralische in der Sünde.«[14] Das Böse ist von Gott zugelassen, damit auch aus ihm Gutes komme; die Unvollkommenheit eines Teils dient der größeren Vollkommenheit des Ganzen.
Ausdrücklich aufgenommen wird Leibniz von Hegel. Nach Hegels Philosophie der Weltgeschichte liegt die Rechtfertigung Gottes in der Geschichte. »Unsere Betrachtung ist insofern eine Theodizee, eine Rechtfertigung Gottes, welche Leibniz metaphysisch auf seine Weise in noch abstrakten, unbestimmten Kategorien versucht hat: das Übel in der Welt überhaupt, das Böse mit inbegriffen, sollte begriffen, der denkende Geist mit dem Negativen versöhnt werden; und es ist in der Weltgeschichte, daß die ganze Masse des konkreten Übels uns vor die Augen gelegt wird.«[15] Aufgrund der Menschwerdung Gottes

und seines Todes läßt sich für Hegel die Weltgeschichte als insgesamt vernünftig begreifen. Durch das Negative, durch den Tod hindurch wird das Ganze als sinnvoll gerechtfertigt. Der Einzelne aber und das Besondere gehen dabei zugrunde. »Dabei, daß einzelne Individuen gekränkt worden sind, kann die Vernunft nicht stehen bleiben.«[16] Denn: »Das Wahre ist das Ganze.«[17]
Umgekehrt wird dieser Satz Hegels von Adorno. Für ihn sind alle Versuche, durch das Negative hindurch das Ganze als sinnvoll zu rechtfertigen, erledigt: »Das Ganze ist das Unwahre.«[18] Durchaus in antimetaphysischer Absicht rundet sich damit, in der Tradition Schopenhauers, das Negative wiederum zu einer Metaphysik. Es rundet sich zum Begriff des zu einem »höchsten Wesen« antitypischen »tiefsten Wesen« totaler Negativität. Dieser negative Begriff einer Einheit verbindet sich, beispielhaft wieder bei Adorno, mit der Hoffnung einer Negation des Negativen. Sie ist freilich eine verzweifelte Hoffnung, nicht mehr im unerschütterlichen Glauben der praktischen Vernunft gegründet wie bei Kant.

*Aktive Theodizee*

In seiner »Kritik der praktischen Vernunft« (1787) legt Kant den Grund zur Beantwortung der Theodizeefrage im Sinne dessen, was wir »aktive Theodizee« nennen. Kant zufolge können wir Gottes Güte und Gerechtigkeit »aus dem, was die Erfahrung an dieser Welt zu erkennen gibt«, nicht rechtfertigen[19]. Wir müssen sie aus moralischer Entschlossenheit gegen die Welterfahrung postulieren. Eine Theodizee ist dann legitim und, wie Kant sagt, »authentisch«, wenn wir uns dabei »den Begriff von Gott als einem moralischen und weisen Wesen notwendig und vor aller Erfahrung machen«[20]. Dies ist Sache nicht der theoretischen, sondern der »machthabenden praktischen Vernunft, die, so wie sie ohne weitere Gründe im Gesetzgeben schlechthin gebietend ist, als die unmittelbare Erklärung und Stimme Gottes angesehen werden kann, durch die er dem Buchstaben seiner Schöpfung einen Sinn gibt«; die Welt ist Material der Pflicht. Der gute - weil durch das moralische Gesetz bestimmte - Wille, der Gottes Güte und Gerechtigkeit gegen die Welterfahrung postuliert, gibt handelnd die einzig mögliche Antwort auf das Problem der Theodizee.

## *Das »Weltabenteuer Gottes«*

In Kants Antwort stimmen gegenwärtig viele Christen und Nichtchristen ein - freilich eher verzweifelt als vernunftgewiß. Manche verbinden sie mit dem Gedanken Hegels, daß Gott den Menschen und seine Geschichte braucht, um sich zu verwirklichen: »Gott braucht Menschen«. Nach Hans Jonas geht das Bild Gottes »in die fragwürdige Verwahrung des Menschen über, um erfüllt, gerettet oder verdorben zu werden durch das, was er mit sich und der Welt tut«[21], so daß »unsere Lebensläufe Linien im göttlichen Gesicht werden«. Weil Gott »mit der furchtbar zweideutigen Ernte unserer Taten wächst«, ist unser Eindruck auf ihn »zum Guten *und* zum Bösen: wir können bauen und zerstören, wir können heilen und verwunden, die Gottheit nähren oder darben lassen, ihr Bild vervollkommnen oder entstellen: und die Narben des einen sind so dauernd wie der Glanz des anderen. Daher ist die Unsterblichkeit unserer Taten kein Grund zu eitlem Stolz: viel mehr Grund hätten wir, zu wünschen, daß die meisten von ihnen keine Spur hinterlassen. Aber dies wird nicht gewährt: sie haben ihre Linie gezogen, und diese bleibt.«

Diese aktive - moralische - Antwort auf die Frage der Theodizee ist nicht nur eine Möglichkeit philosophischen Denkens und wird nicht nur von Nichtchristen gelebt; sie prägt seit zwei Jahrzehnten weitgehend auch die Arbeit von Theologie und Kirche. Bei dem jüdischen Philosophen Hans Jonas ist sie mit einem kräftigen kontemplativen Moment verbunden, insofern er vom »Weltabenteuer Gottes« redet. In diesem Weltabenteuer steht Gottes »totales Sein auf dem Spiele«, so daß »in jeder innerweltlichen Handlung es immer wieder um diesen Einsatz geht«. »Nachdem er sich ganz in die werdende Welt hineingab, hat Gott nichts mehr zu geben: jetzt ist es am Menschen, ihm zu geben. Und er kann dies tun, indem er in den Wegen seines Lebens darauf sieht, daß es nicht geschehe, oder nicht zu oft geschehe, und nicht seinetwegen, daß es Gott um das Werdenlassen der Welt gereuen muß. Dies könnte wohl das Geheimnis der ›sechsunddreißig Gerechten‹ sein, die nach jüdischer Lehre der Welt niemals mangeln sollen . . .«

Die kontemplative Begründung und Durchdringung seiner moralischen Antwort auf die Frage der Theodizee bezeichnet Jonas selbst als »Mythos« - als »symbolischen Versuch, der das am ehesten ausdrückt, was mir Sinn ins Rätsel des Seins und der Existenz zu bringen scheint«. Das ist konkret im Blick auf das gräßliche Geschehen gesagt, für das der Name »Auschwitz« steht; die Mutter von Hans Jonas ist in Auschwitz ermordet worden. So ist mit »Sinn« - auch wenn Jonas

auf der »Freiheit des Geistes« besteht, es »in der Idee sogar mit dem totalen Ganzen« zu tun zu haben – »nichts Versöhnendes« gemeint. Auch wenn nichts zu sehen ist, ist doch etwas zu sagen; »ich kann das Ganze zwar nicht ›sehen‹ ..., aber ich kann von seiner Natur, seinem Grunde und seiner Bestimmung reden«.
In dieser bewegenden Weise denkt Jonas die Rechtfertigung Gottes und setzt sich für sie ein. So führt er den Rechtsstreit um Gott kontemplativ und aktiv zugleich.

*Durch Arbeit zum Spiel – Rückkehr ins Paradies*

Die Rechtfertigungsproblematik in ihrer neuzeitlichen Gestalt kommt eindrucksvoll in Heinrich von Kleists Vision von der Rückkehr ins Paradies zur Sprache. In seinem Aufsatz »Über das Marionettentheater« ist Kleist von der Frage bewegt, ob und wie die dem Menschen verlorengegangene Grazie, seine Anmut, wiederzugewinnen sei. Kommt ein Mensch über das Künstliche und Kulturelle wieder hinein in eine zweite Naivität, zurück in die Natur, in das verlorene Paradies?
Kleist erzählt von einem jungen Mann, der sich anmutig und ungezwungen bewegte – so lange, bis er sich beobachtet sah und sich daraufhin selbst beobachtete. Bei dem Versuch, die anmutige Bewegung bewußt zu wiederholen, stellte er fest, daß seine Ungezwungenheit, seine Grazie, verlorengegangen war. Ein solcher Verlust, sagt Kleist, ist »unvermeidlich, seitdem wir von dem Baum der Erkenntnis gegessen haben. Doch das Paradies ist verriegelt und der Cherub hinter uns; wir müssen die Reise um die Welt machen und sehen, ob es vielleicht von hinten irgendwo wieder offen ist.« Aus dem Gesamtzusammenhang von Kleists Aufsatz wird deutlich, daß es darum geht, durch perfekte kulturelle Leistung, durch Bildung und Arbeit an sich selbst, wieder zur »Natur« zu kommen. Leitfigur dabei ist der Ballettkünstler, dessen Leistung man nicht anmerkt, wieviel Mühe und Arbeit in seinen scheinbar ganz leichten, natürlichen Bewegungen steckt. Durch perfekte Kultur, durch vollkommene Leistung wieder anmutig zu werden, – das ist die Hoffnung! Das lateinische Wort »gratia« bedeutet sowohl »Anmut« wie »Gnade«. So ist es Kleists Hoffnung, durch äußerste Anstrengung und Leistung die Natürlichkeit des Sein-Dürfens wieder zu erreichen. Die Grazie soll verdient werden.
Kleist steht mit dieser Auffassung nicht allein. Wie Schiller sieht er im »Spiel« die zweite, die wiedergewonnene Naivität. In seinen Brie-

fen »Über die ästhetische Erziehung des Menschen« (1795) erwartet Schiller das Spiel als Inbegriff des Endzustandes, der sich aus der Dialektik des menschlichen Kulturprozesses in der Spannung zwischen Sinnlichkeit und Moral, Natur und Gesetz, Pflicht und Neigung, Anmut und Würde ergibt. Das Spiel geht menschlicher Arbeit nicht voran, sondern ergibt sich erst aus ihr. »Wir müssen die Reise um die Welt machen und sehen, ob das Paradies vielleicht von hinten irgendwo wieder offen ist.«
Kleist und Schiller erwarten vom Menschen noch mehr als ihr Lehrer Kant, für den menschliche Existenz sich in der Erfüllung der Pflicht, im Gehorsam gegenüber dem Gesetz rechtfertigt. Es geht ihnen um das Problem der Kultur schlechthin, um das Verhältnis von menschlicher Arbeit und Leistung zur Natur. Herbert Marcuse, einer der geistigen Väter der Studentenbewegung, hat ihre Intention aufzunehmen versucht, als er in »Eros and Civilization« (in der deutschen Übersetzung: »Triebstruktur und Gesellschaft«) unter dem Begriff des »Spiels« eine Erotisierung auch der Welt der Arbeit erwartet hat. Wir seien jetzt technisch so weit, daß wir uns eine solche Rückkehr gleichsam ins Paradies leisten könnten. Was uns in der technischen Welt zur zweiten Natur geworden ist, lasse sich in einer Wiedergeburt überwinden, so daß wiederum - ja erst jetzt - »spielend«, also in Freiheit, miteinander gelebt werde und wir die eherne Eindimensionalität der technischen Rationalität, wie sie Max Weber beschrieben hat, überwinden könnten; Sigmund Freuds Realitätsprinzip - die These, daß Kultur nur durch Verzicht möglich sei - will Marcuse widerlegen. Solche Erwartung eines selbstverdienten »Spiels«, Ergebnis menschlicher Arbeit, war die große Vision, von der die Studentenbewegung sich faszinieren ließ.

## *Atlas der Welt*

Auch wer Marcuses Lösung der neuzeitlichen Rechtfertigungsproblematik nicht teilt, wird nicht darüber hinwegsehen können, daß das spezifisch neuzeitliche Wollen darin besteht, durch perfekte Leistung, durch Arbeit als »Selbsterzeugung« des Menschen (Karl Marx) aus der Vorgeschichte, aus dem Elend herauszukommen und überhaupt erst in das zu kommen, was man wahre Geschichte nennen kann. »Das Prinzip Hoffnung« von Ernst Bloch schließt: »Der Mensch lebt noch überall in der Vorgeschichte, ja alles und jedes steht noch vor Erschaffung der Welt, als einer rechten. Die wirkliche Genesis ist nicht am Anfang, sondern am Ende, und sie beginnt erst anzufangen, wenn Gesellschaft und Dasein radikal werden, das heißt sich an der Wurzel fassen. Die Wurzel der Geschichte aber ist der arbeitende, schaffende, die Gegebenheiten umbildende und überholende Mensch. Hat er sich erfaßt und das Seine ohne Entäußerung und Entfremdung in realer Demokratie begründet, so entsteht in der Welt etwas, das allen in die Kindheit scheint und worin noch niemand war: Heimat.« Der heimatlose Mensch kehrt aus dem Elend, aus dem Ausland, in die Heimat, ins Paradies zurück. Das wird das Ergebnis seiner Arbeit sein, seiner perfekten kulturellen Leistung.

Dem Anspruch von Bloch und Marx kann sich keiner, der die Augen offen hat, einfach entziehen. Wer sich von der allein durch menschliches Handeln erwarteten Rechtfertigung nichts verspricht, ist zu fragen: Sind wir denn nicht dazu verdammt, durch planvolles Handeln von uns Menschen in einer Weltinnenpolitik den innerweltlichen Frieden zustande zu bringen? Kann die Menschheit anders als durch eine äußerste, letzte, moralische Anstrengung überleben? Damit liegt ein ungeheures Gewicht auf uns. Es ist das Gesetz, unter dem wir leben. Dieses Gesetz zwingt uns dazu, der Atlas zu sein, der wie jene Gestalt der griechischen Sage die ganze Last der Welt auf seinen Schultern zu tragen hat. Jean-Paul Sartre redet davon, daß wir »dazu verdammt sind, frei zu sein«[22]. In der Freiheit, zu der wir verdammt sind, haben wir jener Atlas zu sein. Die Last läßt sich nicht abschieben. Müssen wir unter ihr nicht zerbrechen? Können wir unter ihr überhaupt noch Distanz zu unserem Handeln gewinnen? Oder bleiben wir für immer und unerbittlich allein an die eigenen Werke und ihre Folgen geschmiedet? Friedrich Hölderlin hat diese Frage in seinem Gedicht »Der Archipelagus« geklagt:

> »Aber weh! es wandelt in Nacht, es wohnt, wie im Orkus,
> Ohne Göttliches unser Geschlecht. Ans eigene Treiben
> Sind sie geschmiedet allein, und sich in der tosenden Werkstatt
> Höret jeglicher nur und viel arbeiten die Wilden
> Mit gewaltigem Arm, rastlos, doch immer und immer
> Unfruchtbar, wie die Furien, bleibt die Mühe der Armen.«

Drittes Kapitel:
# Die passive Gerechtigkeit des Glaubens

## *Vom Tod des »alten Adam«, vom Leben des neuen Menschen*

Als Ergebnis der »Reise um die Welt«, der Erfahrung menschlicher Kulturleistung wagt Heinrich von Kleist nicht einmal fest zu hoffen, sondern nur vorsichtig zu vermuten, daß sie das Paradies »vielleicht von hinten irgendwo wieder offen« findet. Martin Luther dagegen erzählt von schon geschehener Rückkehr ins Paradies: »Nun fühlte ich mich ganz und gar neugeboren: die Tore hatten sich mir aufgetan; ich war in das Paradies selber eingegangen.«[23] Die Wiedergeburt und zweite Naivität ist ihm nicht als das Ergebnis einer vom Menschen selbst zu erwerbenden Anmut und Gnade zuteil geworden. Gnade kann nur frei gewährt werden; sie kann nur als Geschenk widerfahren, als Gabe. Die nicht selbst geleistete und erworbene Rechtfertigung und Gerechtigkeit ist die Gerechtigkeit des Glaubens. Sie ist weder ein rechtfertigendes Denken noch ein rechtfertigendes Tun, weder eine kontemplative noch eine aktive Gerechtigkeit, sondern eine »passive«.

Passiv ist die Gerechtigkeit des Glaubens darin, »daß wir Gott allein in uns wirken lassen und selber mit all unseren Kräften nichts Eigenes wirken«[24]. »Glaube ist ein göttliches Werk in uns, das uns wandelt und neu gebiert aus Gott (Johannes 1,13) und tötet den alten Adam, macht aus uns ganz andere Menschen von Herzen, Mut, Sinn und allen Kräften«[25] (vgl. 5. Mose 6,5). Der Glaube ist also ganz und gar das Werk Gottes. Er ist nicht etwa die Entscheidung, Deutungsaktivität und Sinnfindung des Menschen. Das ist das erste und wichtigste, was vom Glauben zu sagen ist. Es kann in seiner Bedeutung für den neuzeitlichen Menschen kaum überschätzt werden. An diesem Punkt steht die Aufklärung gegen die Reformation. Die Aufklärung, zugespitzt in der Philosophie Immanuel Kants, erhebt den Anspruch, aus dem Vermögen reiner Erinnerung und reiner Konstruktion Wirklichkeit - auch die Wirklichkeit des Glaubens - zu bilden. Oder es wird wenigstens beansprucht, den Glauben in sich immer schon vorzufinden, etwa als Gefühl schlechthinniger Abhängigkeit. Der Mensch will nicht nur dieses oder jenes, sondern auch den Glauben machen oder jedenfalls sich des Glaubens selbst vergewissern. Nach Luthers Ver-

ständnis dagegen ist der Glaube alleiniges Werk Gottes. Auf diese Weise widerfährt der Glaube dem Menschen; er kommt zu ihm (Galater 3,23). Der Mensch erfährt ihn, indem er ihn erleidet.
Glaubenserfahrung ist schmerzhaft. Wenn Luther vom Tod des alten Adam redet, so ist dies kein bloßes Bild. »Wer noch nicht bis zum Grunde zerstört und durch Kreuz und Leiden zu einem Nichts gemacht ist, schreibt sich, nicht aber Gott Werke und Weisheit zu ... Wer aber durch Leiden seiner selbst entäußert wurde, der schafft nicht mehr selber, sondern weiß, daß Gott in ihm wirkt und alles schafft ... Das ist es, was Christus Johannes 3,7 sagt: ›Ihr müßt von neuem geboren werden.‹ Wer aber von neuem geboren wird, muß vorher sterben.«[26]
Die allein »passive« - die nur zu erleidende - Gerechtigkeit des Glaubens geschieht, indem das rechtfertigende Denken, die Metaphysik, wie das rechtfertigende Tun, die Moral, samt der erstrebten Einheit beider radikal zerstört wird. Anders gesagt: Sowohl die Metaphysik wie die Moral werden in ihrem Anspruch, das Dasein des Menschen zu rechtfertigen, durch das Werk Gottes zunichte gemacht. Gott tötet aber, um lebendig zu machen; er »tötet und macht lebendig, führt in die Hölle und wieder heraus« (1. Samuel 2,6).
Wir wollen uns nun des näheren deutlich machen, worin der Tod des alten Adam, die »Höllenfahrt der Selbsterkenntnis«[27], geschieht. Danach fragen wir, worin das neu geschenkte Leben besteht. Wir unterscheiden dabei wiederum Denken und Tun, Metaphysik und Moral, und wenden uns den beiden Momenten des Glaubens - Tod und Leben - zuerst unter dem Gesichtspunkt des Tuns zu.

## Tun - Moral - Praxis

Getötet wird das tief in jedem Menschen sitzende Bedürfnis, seine Daseinsberechtigung unter Beweis zu stellen, nicht einfach da zu sein, sondern durch das, was ich leiste, und durch das, was ich mir leisten kann, mir Anerkennung zu verschaffen. Dieser Leistungs- und Geltungswille ist dem Menschen zur Natur geworden - zur zweiten, bösen Natur. Diese Natur »stirbt und leidet gar ungern, und es ist für sie ein bitterer Feiertag, wenn ihre Werke ruhen und tot sein sollen«[28].
Die Kehrseite solchen Sterbens des alten Adam ist höchste Lebendigkeit. Dies ist kein Paradox. Wenn ich nämlich durch das, was ich getan habe und tue, von mir endgültig festgenagelt werde und mich von anderen festnageln lasse, bin ich zutiefst unfrei. Werde ich aber von dieser Unfreiheit befreit, dann stellt sich mit der gewährten Freiheit Distanz und Augenmaß ein: der nötige Spielraum zum Handeln.

So kann Luther den Glauben, das Werk Gottes in uns, der den alten Adam tötet, gerade in seiner höchsten Lebendigkeit rühmen: »O, es ist ein lebendig, geschäftig, tätig, mächtig Ding um den Glauben, daß es unmöglich ist, daß er nicht ohne Unterlaß sollte Gutes wirken. Er fraget auch nicht, ob gute Werke zu tun sind, sondern ehe man fragt, hat er sie getan und ist immer im Tun.«[29] Die allein von Gott gewirkte und deshalb vom Menschen nur zu erleidende Gerechtigkeit des Glaubens ist gerade kraft ihrer Passion, kraft des erlittenen Werkes Gottes, höchst aktiv. Sie ist keineswegs ohne Werke. »Ich will das ›ohne Werke‹ so verstanden wissen: Nicht daß der Gerechte nichts wirke, sondern daß seine Werke ihm keine Gerechtigkeit verschaffen, vielmehr seine [ihm gewährte] Gerechtigkeit Werke schafft.«[30]

## Denken - Metaphysik - Theorie

Was vom Tun des passiv Gerechtfertigten zu sagen war, gilt ebenso von seinem Denken - von seinem theoretischen Begreifen Gottes, der Welt und seiner selbst. Getötet wird das rechtfertigende Denken, das den Streit der Rechtfertigungen schlichten will und dazu den Begriff einer »Einheit« der Wirklichkeit bildet. In solchem metaphysischen Ausgriff und Abschluß steht es im Bunde mit dem rechtfertigenden Tun, mit der Moral. Indem das rechtfertigende Denken - in seiner Sucht, alles mit allem zu vermitteln und zu versöhnen, wie in dem von ihm ausgehenden Zwang, unter den alles Einzelne und Besondere gerät, das sich durch seine Begründung im Allgemeinen ausweisen muß - sich mit dem rechtfertigenden Tun verbindet, wird es wirklichkeitsblind, ideologisch. Es »nennt das Schlechte gut und das Gute schlecht«. Die Wahrheit der Dinge und Verhältnisse verkennt und verkehrt es.
Dieses ideologische Denken rechtfertigender Metaphysik, das mit der Moral als dem rechtfertigenden Tun im Bunde steht, ist in der passiven Gerechtigkeit des Glaubens getötet. Der durchs Kreuz und Leiden zum Christen und Theologen wiedergeborene Mensch, der »Kreuzestheologe«, nennt die Dinge beim richtigen Namen: »Der Herrlichkeitstheologe nennt das Schlechte gut und das Gute schlecht; der Kreuzestheologe nennt die Dinge beim richtigen Namen.«[31] Der Kreuzestheologe erkennt und sagt, was Sache ist, weil ihm in schmerzhafter Desillusionierung die aus eigenen Kräften erstrebte Gottesanschauung, in der sich alles zum Begriff des Einen, Wahren und Guten rundete, zerbrochen wurde. Der Tod des alten Menschen besteht also nicht zuletzt darin, daß ihm die Illusion einer Sinntotalität - und griffe er auch nur hypothetisch auf sie vor, um sie so vorwegzunehmen -

zerbrochen ist. Der Kreuzestheologe erkennt im tief sitzenden Bedürfnis nach rechtfertigendem Denken das »Dichten und Trachten des menschlichen Herzens«, das radikal böse ist (1. Mose 6,5 und 8,21). Als »fingierendes« Herz (cor fingens[32]) produziert und projiziert das menschliche Herz in seinem rechtfertigenden Denken unentwegt Bilder des Sinns: Idole, an die wir unser Herz hängen, Stars, Vorbilder, Ziele des Glücks und Erfolgs. Jeder setzt sich solche Zielbilder, an die er sein Herz hängt, das sie selbst fabriziert hat. Deshalb redet Calvin im Sinne Luthers vom menschlichen Herzen als einer »Götzenbilderfabrik«, einer »fabrica idolorum«[33]. Nicht zuletzt Begriffe der Metaphysik können zu Götzenbildern werden. Auch eine theologische und kirchliche Lehre der göttlichen Eigenschaften produziert Götzenbilder, wenn von Gottes »Eigenschaften«, von seiner Kraft, Weisheit, Güte und Gerechtigkeit am Kreuz Jesu Christi vorbei geredet wird. So heißt es in Luthers Erläuterung der 20. These der Heidelberger Disputation, es sei »für niemanden genug und nütze, Gott in seiner Herrlichkeit und Majestät zu erkennen, wenn er ihn nicht zugleich in der Niedrigkeit und Schmach seines Kreuzes erkenne«[34]. Die christliche Theologie fange nicht beim Höchsten an, wie alle anderen Religionen es tun, sondern beim Tiefsten[35], im Schoß der Maria und in Jesu Tod am Kreuz.

Umgekehrt freilich läßt sich auch das Kreuz nicht zum Prinzip machen, wie dies seit der Philosophie Hegels auch im theologischen Denken und im Reden der Kirche geschieht. Das Kreuz Jesu Christi zum jedermann einsichtigen Prinzip, also zu einer »natürlichen« Kreuzestheologie zu machen, ist die Gefahr unserer Zeit. Damit stellt sich der kirchlichen Verkündigung und theologischen Reflexion heute die Aufgabe, zwischen der Skylla der natürlichen Herrlichkeitstheologie, die Luther 1518 in der Heidelberger Disputation demaskierte, und der gegenwärtig vielen näher liegenden Charybdis einer natürlichen Kreuzestheologie hindurchzusteuern. Beide Formen der natürlichen Theologie, die natürliche Herrlichkeitstheologie wie auch die natürliche Kreuzestheologie, sind Verkehrungen der passiven Gerechtigkeit des Glaubens.

Das in seiner Verkehrung böse Herz dichtet in religiöser Vorstellung wie in metaphysischem Begriff »menschlichen Wahn und Traum, den etliche für Glauben halten«[36]; es spekuliert. Dieser aus dem religiösen und metaphysischen Rechtfertigungsbedürfnis kommende Wahn ist so stark, daß nicht einmal das Evangelium vor ihm sicher ist – heute so wenig wie zu Luthers Zeiten. Sie »machen sich aus eigenen Kräften einen Gedanken im Herzen, der spricht: Ich glaube. Das halten sie dann für einen rechten Glauben. Aber wie es ein menschlich Gedicht und Gedanke ist, den des Herzens Grund nimmer erfähret« - ein Bewußtseinsakt, der nicht rettend in die Tiefe menschlicher Existenz reicht -, so »tut er auch nichts, und folget keine Besserung hernach«[37].

## Weder Theorie noch Praxis

Luther hat scharfsichtig erkannt, daß sich das Evangelium nicht in das Schema von Theorie und Praxis pressen läßt. Er hat gesehen, daß die, denen das Evangelium zur Theorie, zu einem »menschlichen Gedicht und Gedanken« wird, notwendig fordern müssen, daß es nun auch in der Praxis zu verwirklichen sei. Im Schema von Theorie und Praxis »fallen sie in den Irrtum und sprechen: der Glaube sei nicht genug, man müsse Werke tun . . .«[38], anders gesagt: zur Rechtfertigung müsse die Heiligung hinzukommen.
Ist der Glaube weder eine Theorie noch die Praxis der Selbstverwirklichung, sondern »passive« Gerechtigkeit, nämlich Gottes Werk in uns, das wir leidend erfahren und damit dem rechtfertigenden Denken wie dem rechtfertigenden Tun absterben, dann ist der Glaube deshalb keineswegs gedankenlos, so wenig er, wie wir gehört haben, tatenlos ist. Vielmehr wird durch ihn wie das Tun nun auch das Denken neu.

## Gewährte Selbstvergessenheit

Der neu Geborene ist nicht mehr in sich selbst verfangen, sondern von der Selbstverfangenheit und unentwegt das Seine suchender Selbstreflexion frei; in diesem Sinn ist Glaube Selbstvergessenheit. Nicht Selbstbetäubung, nicht Flucht vor Besinnung und Verantwortung, aber gewährte Selbstvergessenheit. Das Wort der passiven Gerechtigkeit des Glaubens sagt: Du gehst dich selber gar nichts an! Indem Gott das Entscheidende in dir wirkt, lebst du außerhalb deiner selbst allein in ihm! So bin ich mir selbst verborgen und dem eigenen Urteil sowie dem der anderen über mich, sofern es ein letztes Urteil sein will, entnommen. »Wer bin ich?« Solche Selbstreflexion kommt nicht in sich zur Ruhe. Sie löst sich vielmehr im Gebet, in das Bonhoeffer [39] sie hineingibt, in dem er sie aufgehoben sein läßt: »Wer ich auch bin, Du kennst mich, Dein bin ich, o Gott!«
Diese neue Grundbefindlichkeit kann sich nicht in sich selbst festigen, so gewiß sie gerade die Befreiung von jedem Versuch einer Selbststabilisierung und Selbstorganisation ist. Können wir doch schon physisch keinen einzigen Augenblick lang aus eigenen Kräften

Bestand haben[40], in uns bestehen, uns zusammenhalten und nicht in den Wahnsinn, Irrsinn oder in das physische Nichts auseinanderfallen. Und wie ich physisch nur lebe, wenn mir jeden Augenblick Luft gewährt und nicht entzogen wird, so hat die neue Grundbefindlichkeit ihre Wirklichkeit allein im Atemholen des Gebets. »Bitte Gott, daß er Glauben in dir wecke, sonst bleibst du wohl ewiglich ohne Glauben, du dichtest und tuest, was du willst oder kannst.«[41] Ein solches Gebet ist uns von dem Lutheraner Tobias Clausnitzer (1618–1684) überliefert[42]:

Unser Wissen und Verstand
ist mit Finsternis verhüllet,
wo nicht deines Geistes Hand
uns mit hellem Licht erfüllet;
Gutes denken, tun und dichten
mußt du selbst in uns verrichten.

Seiner selbst gewiß werden und seine Identität finden zu wollen, kann nur in das Dunkel der Ungewißheit führen. Der Glaube aber geschieht als Befreiung vom Zwang der Selbstvergewisserung und damit als Befreiung aus der Ungewißheit; er geschieht als Befreiung vom Zwang der Identitätssuche und Identitätsfindung. In der Bitte werde ich von mir selbst weggeführt, ja aus mir herausgerissen und außerhalb meiner selbst, meines Vermögens und Urteils gestellt; ich darf von mir selbst absehen. »Sieh nicht an, was du selber bist . . .« (Jochen Klepper)[43]. An diesem entscheidenden, grundlegenden, existenzgründenden Punkt und Ort darf ich von mir selbst absehen, gehe ich mich nichts an, ganz und gar nichts. Denn der »Glaube ist eine lebendige, wagende Zuversicht auf Gottes Gnade, so gewiß, daß er tausendmal darüber stürbe« – »gewisser und fester als alle Erfahrung und das Leben selbst«[44].

Glaube ist Wagemut. Gleichwohl kein Abenteuer ins Blaue hinein – »kommt's, so kommt's, wie man nach einer Birn wirft«[45]. Der Glaube gleicht nicht dem ziellosen Wurf eines aufs Geratewohl geworfenen Steines. Als Zuversicht auf Gottes Gnade ist das Wagnis ein begründetes Wagnis. Wir werden nach der Gnade als dem Grund der Zuversicht und nach der Art und Weise, in der sie mir im Wort der Zusage begegnet und sich mitteilt, nachher noch näher fragen müssen. Jetzt geht es darum, das mit dem Glauben gegebene und eröffnete neue Weltverhältnis hervorzuheben. Die gewisse »Zuversicht und Erkenntnis göttlicher Gnade macht fröhlich, trotzig und lustig gegen Gott und alle Kreaturen, welches der heilige Geist tut im Glauben«[46].

Der Trotz ist keine subjektive Befindlichkeit, so wie wir von der

Trotzreaktion reden, sondern das, worauf man pochen, worauf man sich stützen kann, das, was man in die Hand bekommen hat, so daß man sich daran halten kann. Der Trotz des Glaubens ist das ihm gegebene Wort. Deshalb kann Luther davon reden, daß die gewisse Zuversicht und Erkenntnis göttlicher Gnade fröhlich, »trotzig« und »lustig«, voll Lust macht - »gegen Gott und alle Kreaturen«.

*Renaissance: neues Verhältnis zur Welt*

Der neue Mensch gleicht nicht jener grotesken Gestalt, die im verdunkelten Zimmer ein Leben lang sitzt und mit geschlossenen Augen immer wieder nur das eine vor sich hin sagt: Ich bin allein aus Glauben gerecht, ich bin allein aus Glauben gerecht. Vielmehr wirkt die passive Gerechtigkeit des Glaubens mit dem neu gewordenen Gottes- und Selbstverhältnis zugleich auch ein neues Verhältnis zu »allen Kreaturen«, ein neues Verhältnis zur Welt; darin eingeschlossen ist eine neue Wahrnehmung des Raumes und der Zeit.
Dies besonders hervorzuheben, ist deshalb wichtig, weil ein altes und zähes Vorurteil, an dem die Verkündigung der Kirche und das Denken der Theologie nicht unschuldig sind, es verhindert, das in der Glaubensgerechtigkeit beschlossene und durch sie eröffnete neue Weltverhältnis überhaupt wahrzunehmen. Nach dem herrschenden Vorurteil ist die Glaubensgerechtigkeit auf den mathematischen Punkt des Gottesverhältnisses nicht nur konzentriert, sondern beschränkt; sie sei in der Verneinung aller Weltbezüge und in der Isolierung von ihnen weltlos. Dieses Vorurteil gedeiht nicht zuletzt deshalb, weil wir uns gewöhnlich in den Alternativen von Entweltlichung und Verweltlichung, von Optimismus und Pessimismus verfangen haben. Deshalb können wir jenen eigentümlichen Lebensmut gar nicht verstehen, der jenseits dieser Alternativen, sie überwindend, bei Luther zu lernen ist.
»Nun fühlte ich mich ganz und gar neugeboren: die Tore hatten sich mir aufgetan; ich war in das Paradies selber eingegangen.« Dieses Zeugnis Luthers vom Empfang der passiven Gerechtigkeit des Glaubens als Geschenk und Werk Gottes legt sich im Gesamtzusammenhang seines Redens von der Kanzel, vom Katheder und bei Tisch auch kosmologisch aus - wenn wir mit »kosmologisch« nur nicht eine Sichtweise meinen, die sich von theologischer Wahrnehmung isoliert hat. Doch ist eine Wahrnehmung der Welt jenseits des Theologischen und des aufgewiesenen Streites der Rechtfertigungen gar nicht denkbar. Jenseits des Theologischen, jenseits von Unglaube und

Glaube und des den Glauben schaffenden Wortes ist überhaupt keine Welt.
Ins Paradies zurückgekehrt, neu geboren, neu geschaffen zu werden, geschieht nicht weltlos, sondern weltlich als Einkehr in neue Weltlichkeit. »Neuschöpfung« ist keine Abkehr von der Welt, sondern Hinkehr zu ihr, Bekehrung zur Welt. Neuschöpfung ist die Bekehrung zur Welt als die Bekehrung zum Schöpfer im Hören seiner Stimme, mit der er sich durch die Kreaturen hören läßt, in der er uns durch die Kreaturen anredet, anspricht - nicht etwa, wie Augustin im zehnten Buch seiner »Konfessionen« will, uns von den Kreaturen weglockt, wegführt: hinein in unser Inneres und von dort in die Transzendenz[47]. Im Gegenzug zu dieser augustinischen Verinnerlichung als Entweltlichung redet Luther einer geradezu penetranten Diesseitigkeit Gottes das Wort. Gott will so Schöpfer sein, daß er uns nicht anders als durch die Kreaturen anredet.[48]

## »in der Morgenröte künftigen Lebens«

Was Glaube als »lebendige, wagende Zuversicht auf Gottes Gnade« im Verhältnis zu »allen Kreaturen« ist, zeigt eindrücklich folgende Tischrede Luthers: Wir »sind jetzt in der Morgenröte künftigen Lebens, denn wir fangen an, wiederum zu erlangen die Erkenntnis der Kreaturen, die wir verloren haben durch Adams Fall. Jetzt sehen wir die Kreaturen gar recht an, mehr als irgendwann im Papsttum. Erasmus aber fragt nichts danach, kümmert sich wenig, wie die Frucht im Mutterleibe formiert, zugerichtet und gemacht wird; so achtet er auch nicht den Ehestand, wie herrlich der ist. Wir aber beginnen von Gottes Gnade, seine herrlichen Werke und Wunder auch aus den Blümlein zu erkennen, wenn wir bedenken, wie allmächtig und gütig Gott ist. Darum loben wir ihn und preisen wir ihn und danken wir ihm. In seinen Kreaturen erkennen wir die Macht seines Wortes, wie gewaltig das ist. Da er sprach, stand es da [Psalm 33,9] - auch in einem Pfirsichkern. Obwohl seine Schale sehr hart ist, muß sie sich doch zu seiner Zeit auftun durch den sehr weichen Kern, der drinnen ist. Dies übergeht Erasmus fein und achtet es nicht, sieht die Kreaturen an wie die Kuh ein neues [Scheunen-]Tor.«[49]
Der erste Satz dieser Tischrede, in den sie sich zusammenfassen läßt, macht deutlich, daß sie keine Naturidylle meint. Es spiegelt sich in ihm auch nicht das hochgemute Bewußtsein eines Menschen der Renaissance, zu einer eben angebrochenen neuen Zeit zu gehören oder gar sie aus eigener Vernunft und Kraft mit heraufzuführen. Die

»Morgenröte des künftigen Lebens« scheint vielmehr »von Gottes Gnade«. Gottes Gnade läßt sich »jetzt« (2. Korinther 6,2) neu hören. Sie öffnet Ohren, Augen, Herz, Mund und Hand zur Wahrnehmung der Welt als Schöpfung; »wir fangen an, wiederum zu erlangen die Erkenntnis der Kreaturen, die wir verloren haben durch Adams Fall«.

Diese Tischrede wird - wie die ganze Theologie Luthers - durch die von Paulus in Römer 8,18-23 zur Sprache gebrachte Verschränkung der Zeiten bestimmt, welche die Alternative eines Rückblicks auf die Schöpfung und eines Vorblicks auf die Vollendung aufhebt. Wer den Widerspruch der leidenden und seufzenden Kreatur der alten Welt zur zugesagten Schöpfung, der ursprünglichen Welt, mit Schmerzen erfährt, der hält die Augen vor der Welt gerade nicht geschlossen, sondern läßt sie sich für die neu sichtbar werdende Herrlichkeit der Schöpfung öffnen; er staunt.

Dieses Staunen ist etwas anderes als jene ungebrochene Kosmosfrömmigkeit, die gegenwärtig in der ökologischen Krise von nicht wenigen als Heilmittel empfohlen wird, nach der sich jedenfalls viele sehnen. Ist nämlich zu diesem Staunen, wie die zitierte Tischrede bezeugt, als Gegengift zu Adams Fall und Verlust nicht weniger als eine Wiedergeburt nötig, eine von Gott selbst bewirkte Renaissance, dann kann dieses Staunen kein naives Staunen sein. Es meint kein ästhetisch unmittelbares Verhältnis zur Natur. Vielmehr entsteht es aus der Überwindung eines tiefen Bruches, aus der Überwindung des Todes, der Todesmächte.

## Im Bauch des Fisches

Das neue Verhältnis zur Welt stellt sich nur durch den Tod hindurch ein. Das neue Staunen, die zweite Naivität, kommt aus der Überwindung einer Todeswelt, in die der Mensch sich hat reißen lassen und seine Mitgeschöpfe schuldhaft mitgerissen hat. Er ist ihnen nicht gerecht geworden. Er hat sich mit seinem Rechtfertigungsbedürfnis in einen Schuldzusammenhang verstrickt, von dem Paulus Römer 8,18-23 redet; der Spruch des Anaximander weiß auf seine Weise um ihn. Für Luther wird die Welt entweder in der Sünde, im Unglauben, erfahren oder aber im Glauben, im Glauben an Gottes Gnade und als Gottes Gnade. Im Unglauben wird die Welt als Gottes Zorn erfahren. Ein neutrales Jenseits von Zorn und Gnade kennt Luther nicht. In die neue Welt dessen, der im Glauben, also in der lebendigen, wagenden Zuversicht auf Gottes Gnade, vor Gott bekennt: »Du stellst meine Füße auf weiten Raum!« (Psalm 31,9) - in diese Weite kommt keiner, der nicht zuvor im engen Bauch des Fisches war und selbstverschuldet Angst hatte wie der Prophet Jona. Meer, Wasser und alles Geschaffene sollen uns »die Welt zu enge machen und unser zorniger Gott werden. So sprechen auch manche, die in großer Not sind, ›Mich dünkt, Himmel und Erde liegen auf mir‹.«[50] Von einem solchen Text her wird vollends klar, daß die vorher zitierte Tischrede von der Wiedererlangung der durch Adams Fall verlorenen Erkenntnis der Kreaturen in der Morgenröte des künftigen Lebens keine Idylle, auch keine unmittelbare Kosmosfrömmigkeit meint, sondern eine zweite Naivität nach hartem Bruch, nach dem Tod.

Damit kein Rest des Scheines einer Harmlosigkeit bleibt, achten wir noch auf einige weitere Sätze aus Luthers Auslegung von Jona 2,4 (»Du warfest mich in die Tiefe mitten im Meer, daß mich die Fluten umgaben. Alle deine Wellen und Wogen gingen über mich«). »Hier erzählt er nun die Stücke, in denen man sehen kann, wie sein Herz gestanden hat, bevor er zu Gott schrie. Da vergißt er die Leute, die ihn ins Meer warfen, und spricht, Gott habe es getan. ›Du‹, sagt er, ›Du warfst mich . . .‹ Denn so fühlt sich's auch im Gewissen, daß alles Unglück, das uns überfällt, sei Gottes Zorn. Und alle Kreaturen dünken einen nichts als Gott und Gottes Zorn zu sein, auch wenn's nur ein raschelndes Blatt ist, wie es 3. Mose 26,36 heißt: ›Es soll sie ein raschelndes Blatt erschrecken!‹ Ist's nicht ein großes Wunder? Nichts Geringeres und Verachteteres gibt es als ein dürres Blatt, das auf der Erde liegt, über das alle Würmlein laufen und das sich nicht eines einzigen Stäubleins erwehren kann, so daß auch Hiob, als er sich so gering wie möglich einschätzen wollte, nichts Geringeres finden konnte, als sich vor Gott mit einem dürren Blatt zu vergleichen. Doch wenn das Stündlein [das heißt: der richtige Augenblick] kommt, soll sich vor seinem Rascheln fürchten Roß, Mann, Spieß, Harnisch, König, Fürsten, die Macht und die Kraft des ganzen Heeres . . ., die man sonst mit keiner Hölle schrecken kann . . . Das Rascheln eines solchen Blattes soll uns die Welt zu enge machen und unser zorniger Gott werden, uns, die wir zuvor gegen Himmel und Erde pochen und trotzen konnten . . . Vermag solches über uns ein dürres Blatt, was wird erst das tiefe Meer tun, von dem Jona hier redet? . . . So spricht er auch nicht: Des Meeres Wellen und Wogen gingen über mich, sondern: ›Deine Wellen und Deine Wogen‹, weil er im Gewissen fühlt, wie das Meer mit seinen Wellen und Wogen Gott und seinem Zorn dienen, die Sünde zu strafen«[51]; die Sünde ist die Flucht vor Gott im Unglauben.

## Der weite Raum

Tödliche Bedrängnis, Angst und Enge einerseits, Weite, Aufatmen und Befreiung andererseits, wie sie in der Unterscheidung und Zuordnung von Klage und Erhörung, Klage des Todes und Lob der Errettung aus dem Tod zur Sprache kommen, bilden Luthers eigentümliches Weltgefühl, seine Erfahrung des Raumes und der Zeit. Sie bekundet sich am mächtigsten in Luthers Auslegung von Psalm 90: »Mitten wir im Leben sind von dem Tod umfangen . . .« Luther bejaht diesen Anfang der alten Antiphon, findet aber vom Kreuz Jesu Christi her zu seiner Umkehrung: »Mitten wir im Tode sind von dem Leben umfangen . . .«[52]. Zeit und Raum werden erfahren als Enge oder Weite, Tod oder Leben, Zorn oder Gnade, Bedrängnis oder Befreiung. Natur und Geschichte fallen für Luther nicht, wie für uns, auseinander. Beide erzählen »nichts anderes als Gottes Werke, das heißt Gnade und Zorn«[53]. Und wir selbst sind »solche Geschöpfe, mit denen Gott auf ewig und unsterblich reden will . . . sei es im Zorn oder in der Gnade«[54], weil wir in einer nicht mehr rückgängig zu machenden Weise zusammen mit allen Geschöpfen angeredet sind.

Richtet sich der Glaube auf sein letztes Ziel: die Auferweckung von den Toten und das ewige Leben, so traut er keinem andern als dem, der den Gottlosen gerecht macht. Er ist zuerst und zuletzt »eine lebendige, wagende Zuversicht auf Gottes Gnade, so gewiß, daß er tausendmal drüber stürbe«. Und dies als »ein göttlich Werk in uns, das uns wandelt und neu gebiert aus Gott«[55].

Diese beiden kurzen Sätze aus der Vorrede zum Römerbrief sollen nun im Blick auf die Eschatologie - die Rede vom Ende der Welt als ihrer Vollendung durch das Gericht hindurch - ausgelegt werden durch den dritten Abschnitt der Schrift »Von der Bereitung zum Sterben« (1519). Es ist ein ungemein eindrucksvoller Text; wer ihn jemals gehört hat, wird ihn nicht mehr vergessen. Luther greift hier das apokalyptische und neutestamentliche Bild der Geburtswehen der Endzeit auf, radikalisiert diese Bildrede jedoch so, daß er den Geburtsvorgang aus der Perspektive der gebärenden Mutter herausnimmt und in die Perspektive des Kindes rückt, das, selbst passiv, geboren wird. Diese Umkehrung der Perspektive ist ein schönes Beispiel dafür, wie sprachschöpferisch die passive Gerechtigkeit des Glaubens wirkt. Wir begreifen dabei vollends das Gewicht, das für Luther die Erfahrung der passiven Gerechtigkeit des Glaubens hat, und verstehen letztlich, was es heißt, aus Glauben zu leben.

In der Bereitung zum Sterben »soll man sich allein zu Gott richten,

wohin der Weg des Sterbenden sich auch kehrt und uns führt. Und hier beginnt die enge Pforte, der schmale Steig zum Leben. Darauf muß ein jeder sich mutig wagen. Denn dieser Weg ist wohl sehr eng, er ist aber nicht lang. Und es geht hier zu, wie wenn ein Kind aus der kleinen Wohnung in seiner Mutter Leib mit Gefahr und Ängsten geboren wird in diesen weiten Himmel und Erde, das ist unsere Welt: ebenso geht der Mensch durch die enge Pforte des Todes aus diesem Leben. Und obwohl der Himmel und die Welt, darin wir jetzt leben, als groß und weit angesehen werden, so ist es doch alles gegenüber dem zukünftigen Himmel so viel enger und kleiner, wie es der Mutter Leib gegen diesen unseren Himmel ist. Darum heißt der lieben Heiligen Sterben eine neue Geburt, und ihre Feste nennt man lateinisch Natale, Tag ihrer Geburt. Aber der enge Gang des Todes macht, daß uns dies Leben weit und jenes eng dünkt. Darum muß man das glauben und an der leiblichen Geburt eines Kindes lernen, wie Christus sagt: ›Ein Weib, wenn es gebiert, so leidet es Angst. Wenn sie aber genesen ist, so gedenkt sie der Angst nimmer, dieweil ein Mensch geboren ist von ihr in die Welt‹ (Johannes 16,21). So muß man sich auch im Sterben auf die Enge und Angst gefaßt machen und wissen, daß danach ein großer Raum und Freude sein werden.«[56]
Solch wagemutige Hoffnung ist die Hoffnung auf die Auferweckung von den Toten, Hoffnung auf die Befreiung »aus dem Rachen der Angst in weiten Raum, da keine Bedrängnis mehr ist« (Hiob 36,16). Sie ergibt sich allein aus dem Widerfahrnis der passiven Gerechtigkeit des Glaubens, in dem Gott »den Gottlosen rechtfertigt« (Römer 4,5), wie denn auch die »Schöpfung aus dem Nichts« nur aus diesem Widerfahrnis heraus bekannt werden kann. Im Bezug von Römer 4,17 auf Römer 4,5 wird dies deutlich. Geht es bei der Rechtfertigung des Gottlosen um den Tod des alten und die Geburt des neuen Menschen, dann ist solch »göttlich Werk in uns« kein anderes als das Werk dessen, der aus Nichts Neues schafft, »der die Toten lebendig macht und das Nichtseiende ruft, daß es sei« (Römer 4,17). So bekennt Luther zugleich die Schöpfung aus dem Nichts wie die Auferwekkung von den Toten, wenn er von seiner reformatorischen Entdekkung der passiven Gerechtigkeit des Glaubens berichtet: »Nun fühlte ich mich ganz und gar neu geboren: die Tore hatten sich mir aufgetan; ich war in das Paradies eingegangen.«

### *Glaube und Handeln: der neue Gehorsam*

Der vollkommenen Freude im weiten Raum der Freiheit ist der Glaube gewiß, nicht weil sie in einem Ausblick auf das Ende schon sichtbar wäre, sondern weil sie zugesagt, versprochen ist. Ich habe von ihr gehört, gesehen habe ich gar nichts. In unserem Raum und unserer Zeit mit ihren Ausweglosigkeiten und Dunkelheiten leben wir nicht im Schauen. Auch eine Geschichtsschau könnte hier und jetzt nur Sache des alten Adam und seines rechtfertigenden Denkens sein, Sache und Sorge einer Sinngebung oder doch wenigstens Sinnvergewisserung des Ganzen. Von dieser Sorge ist der Glaube befreit. Er bejaht deshalb die Endlichkeit seines eigenen Lebens und die Endlichkeit der vielen Geschichten, in die hinein es im Streit der Rechtfertigungen, im Kampf um Anerkennung auf Leben und Tod verwoben ist. Er bejaht die Endlichkeit - nicht ohne Klage der Vergänglichkeit, nicht ohne Trauer und Melancholie.

## Nicht zum Erfolg verdammt

Zusammen mit allen andern Geschichten ist meine eigene Lebensgeschichte von Gott gerechtfertigt - allein aus Gnade, gratis, umsonst. Deshalb kann nach Luther der Prediger Salomo sagen, es sei alles umsonst, »eitel«, vergeblich. Was hat dieses »Umsonst« der Vergeblichkeit mit dem »Umsonst« der Gnade zu tun? Was hat es damit zu tun, daß Rechtfertigung »umsonst« geschieht und weder aus rechtfertigendem Tun noch aus rechtfertigendem Denken - dem durchaus verständlichen metaphysischen Bedürfnis nach einer Sinngebung des Lebens - kommt? Luthers Vorrede zum Prediger Salomo zufolge sollte dieses Buch recht eigentlich »den Titel haben, daß es wider den freien Willen geschrieben wäre. Denn dieses Buch bezieht alles darauf hin, daß aller Menschen Rat, Anschläge und Vornehmen umsonst und vergeblich sind und es immer anders hinausgeht, als wir wollen und denken, auf daß er uns lehre, gelassen zu stehen und Gott allein alle Dinge über, gegen und ohne unser Wissen und Rat tun zu lassen. Darum mußt du dieses Buch nicht so verstehen, als schelte es die Kreaturen Gottes, wenn es spricht, es sei alles eitel und Jammer ... Denn Gottes Kreaturen sind alle gut (1. Mose 1,31 und 1. Timotheus 4,4). Auch lehrt es selbst, daß einer soll guten Mut haben mit seinem Weibe und des Lebens brauchen.« »Iß dein Brot mit Freuden, trink deinen Wein mit gutem Mut ... Genieße das Leben mit deinem Weibe, das du lieb hast ... Alles, was dir vor die Hand kommt zu tun, das tue frisch ...!« (Prediger 9, 7-10).
Die endlichen Freuden haben ihr Recht, ihren Raum und ihre Schönheit. Der Genuß des Endlichen ist sein gerechtfertigter Gebrauch. Darauf bezieht sich die Skepsis des Predigers nicht. Ihr »Umsonst!« trifft allein das Unendlichkeitsgelüste des Menschen, das Endliche

unendlich zu sichern und festzuhalten oder in unendlichem Fortschritt vollkommen zu machen. Die Skepsis sorgt für die Ausnüchterung solcher totaler Ansprüche. Sie besagt, »daß die Anschläge und das Vornehmen des Menschen, mit den Kreaturen umzugehen, allesamt fehlschlagen und vergeblich sind, wenn man sich nicht läßt genügen an dem, was vorhanden und gegenwärtig ist, sondern will aufs Künftige sie meistern und regieren. So geht's allewege den Krebsgang, daß man nichts als verlorene Sorge und Mühe gehabt hat. Es geschieht doch, was Gott will und denkt, nicht was wir wollen. Summa: Wenn Christus spricht (Matthäus 6,34): ›Sorget nicht für den morgigen Tag, denn der morgige Tag wird seine eigene Sorge haben; es ist genug, daß ein jeglicher Tag sein Übel hat‹, so ist dieser Spruch die Erläuterung und der Inhalt dieses Buches. Sorgen für uns gehört Gott zu. Unser Sorgen geht doch fehl und macht nichts als verlorene Mühe.«[57]

Ein eigenartiges Zeitverständnis, eine eigenartige Wahrnehmung der Zeit des eigenen Lebens und aller Geschichte! Was soll in einem solchen, endlichen, Zeitraum menschliches Handeln und Planen? Ist es nicht zur Vergeblichkeit verurteilt? Ist es denn nicht beliebig, wenn es sich nicht in einen durchschaubaren Welt- und Geschichtszusammenhang fügen oder ihn gar selbst herstellen kann? Ist es denn nicht beliebig, wenn sowohl einer kontemplativen wie einer aktiven Theodizee gegenüber Skepsis geboten ist? Ist es dann gleichgültig, was wir tun?

Was heißt es aber, wenn Luther mit dem Prediger sagt, daß man gleichwohl guten Mut haben soll? Es heißt: »Alles, was dir vor die Hand kommt zu tun, das tue frisch!« (Prediger 9,10. Häufiger noch führt Luther in diesem Zusammenhang 1. Samuel 10,7 an). Meine nicht, du müßtest zuerst einen Gesamtplan der Weltgeschichte und ihres Fortschrittes sehen, um zu wissen, welches Tun jetzt sinnvoll ist und wohin es führt!

### »tun, was vor die Hand kommt«

Im neuen Gehorsam geht es Luther nüchtern um den Bereich, in den wir gestellt sind, um den Bereich der weltlichen Gerechtigkeit, die von der Sorge um das Heil entlastet ist. Hier sollen wir selbst alles tun, »als wäre kein Gott da«. Dieser überraschende Satz findet sich in Luthers Auslegung von Psalm 127 (1524)[58], in der er sein Verständnis des weltlichen Regimentes Gottes im Haus- und Staatswesen, im ökonomischen und politischen Bereich grundsätzlich darstellt. Denn der Psalm bedenkt das Verhältnis von Gottes Werk und des Menschen Werk, von Gottes Sorge und des Menschen Sorge:

> »Wo der Herr nicht das Haus baut,
> so arbeiten umsonst, die daran bauen.
> Wo der Herr nicht die Stadt behütet,
> so wacht der Wächter umsonst.
> Es ist umsonst, daß ihr früh aufsteht
> und hernach lange sitzet
> und esset euer Brot mit Sorgen;
> denn seinen Freunden gibt er's schlafend . . .«

Wenn man dies verstanden hat, dann hat man verstanden, was es heißt, aus Glauben zu leben.
Was folgt daraus für das verantwortliche Handeln des Menschen, für sein Sorgen und Planen? »Soll man keinen Vorrat schaffen, Tor und Fenster offen lassen und gar nicht wehren, sondern auf sich stechen lassen wie auf die toten Leiber . . .? Beileibe nicht! Du hast jetzt gehört, die Obrigkeit soll wachen, fleißig sein und alles tun, was ihrem Amt gebührt: Tore schließen, Türen und Mauern bewahren, Harnisch anlegen, Vorrat schaffen und sich so zu verhalten, als wäre kein Gott da und müßten sich selbst retten und selbst regieren, so wie ein Hausherr soll arbeiten, als wollte er sich mit seiner Arbeit selbst ernähren. Aber davor soll er sich hüten, daß sein Herz sich jemals auf solches sein Tun verlasse. Auch soll er sich nicht vermessen [= hochmütig werden], wo es gut geht, noch sich sorgen, wo es fehlschlägt, sondern soll all solche Bereitschaft und Rüstung lassen unseres Gottes, des Herrn, Mummerei [= Maskenspiel] sein, darunter er selbst allein wirkt und ausrichtet, was wir gerne hätten. Denn eine solche Rüstung befiehlt er auch darum, auf daß er sein Werk darunter verberge und lasse die auflaufen, die vermessen sind, und stärke die, die sich absorgen, damit man ihn nicht versuche . . . Abraham, Isaak und Jakob hat er durch ihre Arbeit reich gemacht. So kann man gewiß sagen: Der Welt Lauf und besonders seiner Heiligen Wesen [das Leben und Geschick der von Gott Berufenen] ist Gottes Mummerei, darunter er sich verbirgt und in der Welt so wundersam regiert und rumort.«[59]
Der Lauf der Welt und der eigene Lebenslauf ist auch dem im Glauben Gerechtfertigten so verborgen, daß er Gottes Sorge um die Welt und des Menschen Sorge um sie nicht in einem stimmigen Verhältnis erfahren und denken kann. Auch die Werke des Gerechtfertigten, die im neuen Gehorsam geschehen, sind der Zweideutigkeit nicht ent-

nommen. Sie sind gleichwohl nicht beliebig. Auch wenn wir das Geflecht der Motive unseres Handelns nicht durchschauen und nicht alle Wirkungen unserer Werke vorhersehen, geschweige denn vorherbestimmen können, so zeigt die Sorge und elementare Bedürftigkeit des Nächsten und aller andern Mitgeschöpfe deutlich genug, was zu tun ist. »Alles, was dir vor die Hand kommt zu tun, das tue frisch!« Wen Gott rechtfertigt, der läßt sich »genügen an dem, was vorhanden und gegenwärtig ist«, und muß die Dinge und Verhältnisse nicht »aufs Künftige meistern und regieren« wollen[60].
Der Gerechtfertigte erhebt also in seinem Handeln keinen Totalitätsanspruch. Er kann einem solchen Anspruch gegenüber vielmehr äußerst skeptisch sein, weil er nicht auf die Rechtfertigung durch den Erfolg angewiesen ist; er ist nicht zum Erfolg verdammt.

## Zur Knechtschaft frei

Luther versteht sich ganz als Paulusausleger, wenn er sagt, »daß der Mensch ohne Werke gerecht werde, wiewohl er nicht ohne Werke bleibt, wenn er gerecht worden ist«[61]. Wenn der »Glaube ohne alle Werke rechtfertigt«, so folgt daraus noch nicht, »daß man darum kein gutes Werk tun solle, sondern daß die rechtschaffenen Werke nicht ausbleiben«[62]. Das Gesetz ist nicht abgeschafft, sondern wird erfüllt. Es geht »von Herzensgrund alles, was du tust. Aber ein solches Herz gibt niemand, es sei denn Gottes Geist. Der macht den Menschen dem Gesetz gleich, so daß er Lust zum Gesetz gewinnt von Herzen und hinfort nicht aus Furcht noch Zwang, sondern aus freiem Herzen alles tut.«[63]
Luther wird nicht müde, die Freiheit und Spontaneität des neuen Gehorsams, des Hörens und Handelns des Wiedergeborenen zu betonen. Es geht ihm um den »Glauben, der durch die Liebe tätig ist« (Galater 5,6). Das Verhältnis von Glaube und Liebe faßt seine Schrift »Von der Freiheit eines Christenmenschen« in die Doppelthese: »Ein Christenmensch ist ein freier Herr über alle Dinge und niemandem untertan. Ein Christenmensch ist ein dienstbarer Knecht aller Dinge und jedermann untertan.«[64] Der Christenmensch ist keine Spezies eines Menschen oder eines religiösen Menschen, sondern Mensch, der befreite Mensch. Im Glauben lebt er außerhalb seiner selbst, in Gott - befreit davon, seine Identität zu suchen und sich selbst verwirklichen zu müssen. Deshalb kann er es sich leisten, nun der Knecht aller, nicht nur aller Menschen, sondern aller Dinge zu sein, und auf *diese* Weise zu sorgen, »als wäre kein Gott da«.

Mit der gesamten Schrift über die Freiheit will Luther nichts anderes als einen einzigen Satz des Paulus auslegen: »Weil ich frei bin von allem, deshalb habe ich mich zum Knecht aller gemacht« (1. Korinther 9,19). Nicht: obwohl ich frei bin, sondern weil ich frei bin. Luther beansprucht zugleich, jenen Text auszulegen, in dem Paulus im Römerbrief von der Erfüllung des Gesetzes durch die Liebe redet: Römer 13,8-10. Mit dem Glauben ist die Freiheit zum Dienst in der Liebe empfangen, »so daß wir hinfort kein Gesetz haben noch jemandem etwas anderes schuldig sind als Lieben (Römer 13,8); auf daß wir ebenso unserm Nächsten Gutes tun, wie uns Christus durch sein Blut getan hat. Deshalb sind alle Gesetze, Werke und Gebote, die von uns gefordert werden, um Gott damit zu dienen, nicht aus Gott . . . Doch die Gesetze, Werke und Gebote, die von uns dem Nächsten zu Dienst gefordert werden, die sind gut, die sollen wir tun, wie der weltlichen Gewalt in ihrem Regiment gehorchen, folgen und dienen, die Hungrigen speisen, den Bedürftigen helfen . . .«[65]

Die Erfüllung des Gesetzes in der Liebe führt nicht aus dem Streit der Rechtfertigungen heraus, sondern in letzter Tiefe in sie hinein[66]. Doch ist der Kampf zwischen Herr und Knecht um gegenseitige Anerkennung in einer Bewegung entschieden, die zum tödlichen Kampf der Weltgeschichte gegenläufig ist. Er ist darin entschieden, daß Gott selber, der frei ist von allem, kraft seines Reichtums in der Geschichte Jesu Christi arm wurde um unsretwillen, damit wir durch seine Armut reich würden. So faßt Paulus 2. Korinther 8,9 das vom Christushymnus Philipper 2,6-11 bekannte Geschehen zusammen; Luther folgt ihm. Von der mit der Geschichte Jesu Christi geschehenen und von ihr gebrachten Wende im Streit der Rechtfertigungen ist der Christ - durch den Tod des alten Adam hindurch - eingeholt und damit zurechtgebracht. »Gerechtigkeit ist nun solcher Glaube, und heißet Gottes Gerechtigkeit, oder: die vor Gott gilt, darum, daß es Gottes Gabe ist und macht den Menschen, daß er jedermann gibt, was er schuldig ist. Denn durch den Glauben wird der Mensch ohne Sünde und gewinnet Lust zu Gottes Geboten. Damit gibt er Gott seine Ehre und bezahlet ihm, was er ihm schuldig ist; aber den Menschen dienet er williglich, womit er kann, und bezahlet damit auch jedermann.«[67]

So springt der in der Liebe energische Glaube nicht aus dem Zusammenhang des Streites der Rechtfertigungen heraus, sondern bewegt sich in einer bestimmten Weise in ihm. Die forensische Struktur der Wirklichkeit - Sein als Urteil, Sein in gegenseitiger Anerkennung - wird nicht aufgehoben, sondern in der besagten Weise erfüllt. In diesem Sinne ist die ganze Tradition der alttestamentlichen und altorientalischen Weisheit - die Weltordnung als Gemeinschaftstreue und Gerechtigkeit - unter dem Begriff der Liebe aufgehoben und zur Erfüllung gebracht. Dieser ganze vielschichtige und in sich auch dissonantische Traditionsprozeß ist in seinem ganzen Zusammenhang zu sehen. Luther beschränkt sich nicht auf eine isolierte Paulusauslegung, wie ein häufig anzutreffendes Mißverständnis seiner Theologie und des Artikels 4 des Augsburger Bekenntnisses will. Daß das Gesetz in der Liebe erfüllt, daß die Gerechtigkeit in der Barmherzigkeit erfüllt ist, führt in die weitesten sozialen und kosmischen Zusammenhänge.

Viertes Kapitel:
# Glauben aus dem Hören

## *Wahn und Wort*

Woraus lebt der Glaube? Was unterscheidet das Glaubensverständnis Luthers von »menschlichem Wahn und Traum«, vom Verständnis derer, die »sich aus eigenen Kräften einen Gedanken im Herzen machen, der spricht: Ich glaube«[68], deren Glaube in einer Entscheidung, in einer Sinngebung des Ganzen oder Sinnfindung besteht?
Was unterscheidet einen solchen Wahnglauben der Metaphysik und der Moral in allen Formen, auch den religiösen und kirchlichen Formen, von wahrem Glauben? Darauf gibt Luther nur eine einzige Antwort: Der Glaube kommt aus dem Hören der Predigt, aus dem Wort Gottes - und zwar aus dem äußeren, mündlichen Wort. Die passive Gerechtigkeit des Glaubens geschieht allein kraft des Wortes (»solo verbo«). Was heißt das? Es ist zugleich eine Antwort zu finden auf die viel verhandelte Frage, ob die zugesprochene Rechtfertigung denn nur eine »forensische« Rechtfertigung, nur eine Rechtfertigung des bloßen Urteilsspruches, sei oder aber eine »effektive« Rechtfertigung, das heißt eine, die den Menschen wirksam verändert, wirklich neu macht.
Wenn Luther vom Glauben sagt, er sei »ein göttlich Werk in uns«, in dem Gott selbst uns als die alten, zur alten Welt gehörigen Menschen, den alten Adam tötet und uns zur neuen Kreatur macht, zur neuen Schöpfung, dann sagt er damit Entscheidendes von dem Wort, das solchen rechtfertigenden Glauben schafft. Für Luther ist die übliche Alternative »forensisch« oder »effektiv« keine Alternative. Das Forensische ist effektiv und das Effektive ist forensisch. Das ist seine Antwort auf diese viel verhandelte Frage. Denn was Gott spricht, das tut er. Umgekehrt gilt freilich auch: Was Gott tut, das spricht er. Sein Werk ist sein Sagen. Sein Sagen ist aber nicht bloßes Wort als flüchtiger Hauch, sondern ein sehr effektiver Hauch, der schlechthin Leben schafft, der ins Leben ruft (Psalm 33,6). Es ist Gottes »Natur«, aus Nichts zu schaffen, Schöpfer allein durch das Wort zu sein. Ein spekulativer Gedanke ist dies deshalb nicht, weil das Bekenntnis zu dem, der aus dem Nichts schafft und die Toten lebendig macht (Römer 4,17), von dem Menschen gesprochen wird, der erfährt, daß Gott den

Gottlosen durch das Wort rechtfertigt (Römer 4,5), aus dem alten Adam einen neuen Menschen schafft.
Achten wir des näheren auf diesen konkreten »Sitz im Leben«, wo der Gottlose gerecht gesprochen und damit gerecht gemacht wird. Das geschieht nicht senkrecht vom Himmel, sondern durch einen anderen Menschen - auf eine sehr kreatürliche Weise. Was in Gottes Namen und Auftrag, auf seinen Befehl hin, als seine Zusage von einem anderen Menschen mir gesagt wird, das sagt und tut Gott selber. In solchem Wort gründet die Gewißheit des Glaubens, die Gewißheit des neuen Lebens, die Gewißheit, zu Christus und zu seiner Geschichte, das heißt zu Gottes neuer Welt, zu Gottes Reich zu gehören, zu dem Reich, das nicht erst kommt, sondern gekommen ist. Es ist gegenwärtig, indem das neu schaffende Wort gehört und geglaubt wird, indem diese passive Gerechtigkeit des Glaubens zuteil wird und in der Liebe tätig ist.
Der entscheidende Punkt dabei ist, worauf der Mensch ausgerichtet ist. An ihm entscheidet sich auch die Kontroverse der Theologie Luthers mit dem römischen Katholizismus und mit dem Pietismus um das, was im Unterschied zu Luthers Theologie als Frage nach dem Verhältnis von Rechtfertigung und Heiligung gefaßt worden ist. Worauf ist der Mensch ausgerichtet? Darf und kann er von sich wegsehen - ausschließlich auf Christus hin? Oder darf er auf sich selbst als neuen Menschen zurückblicken und sich im Wachstum des Glaubens und in der Liebe, im neuen Gehorsam und in einem bestimmten Fortschreiten, etwa gar einer auf die Rechtfertigung folgenden Heiligung kontrollieren? Sucht der begnadete, neue und wiedergeborene Mensch den Puls seines Glaubens zu fühlen, so geschieht eine gefährliche Verschiebung - weg vom reformatorischen Glaubensverständnis. In dem Augenblick nämlich, in dem der Blick sich umlenkt und zurücklenkt, von Gott und seiner Zusage weg auf mich selbst und mein Tun, in diesem Augenblick bin ich wiederum bei mir selbst und bei meinem eigenen Urteil über mich. Ich verfange mich unweigerlich darin und stürze zurück in die ganze Ungewißheit meines trotzigen und verzagten Herzens, in dem ich mich eben nur bei mir selber finde und damit von Gottes Zusage absehe. Deshalb ist es so wichtig zu beachten, durch welches Mittel, durch welches Medium, der rechtfertigende Glaube kommt.
Der Glaube kommt aus dem Hören (Römer 10,17). Der Glaube kommt aus dem Hören des zugesprochenen Wortes. Der Glaube kommt in der Zusage, in der Jesus Christus selber und mit ihm Gottes Reich sich mir eröffnet, mich zurückbringt in meine Heimat, in das Paradies, und mich zu einem neuen Menschen macht. Das

Augsburger Bekenntnis hat sich Luthers Theologie angeschlossen, indem es im Artikel 5 von dem eingesetzten Dienst - von der »Institution« - des Wortes redet, durch das wir den rechtfertigenden Glauben empfangen. »Damit wir diesen Glauben erlangen, hat Gott das Predigtamt eingesetzt, das Evangelium und die Sakramente gegeben. Durch diese Mittel gibt Gott den Heiligen Geist, der in denen, die das Evangelium hören, den Glauben schafft, wo und wann er will. Das Evangelium lehrt, daß wir durch Christi Verdienst und nicht durch unsere Verdienste einen gnädigen Gott haben, wenn wir dieses glauben.«[69] Ein unmittelbares und unvermitteltes - »schwärmerisches« - Verständnis des Heiligen Geistes verwerfend, besteht der Artikel auf Gottes Kommen im »leiblichen Wort«, im »verbum externum«.

Der Artikel 5 ist der wichtigste Artikel des Augsburger Bekenntnisses. Er gibt nämlich den Ausschlag für das Verständnis der Rechtfertigung (Artikel 4) wie für das Verständnis des neuen Gehorsams, der guten Werke (Artikel 6); er ist das Zünglein an der Waage. Die »Institution« des Wortes ist die fundamentale Institution überhaupt. An ihr hängt die Welt, nicht etwa nur die Kirche oder gar nur eine Landeskirche. Sie ist die Institution und das Ereignis, aus dem der Glaube kommt, der uns die Welt als Schöpfung durch das Gericht hindurch wahrnehmen läßt. Sie ist die Institution und das Ereignis, aus dem der Glaube an den kommt, der »die Toten lebendig macht und dem, was nicht ist, ruft, daß es sei« (Römer 4,17).

Ist das Wort so hoch zu schätzen? Muß man nicht nach seiner Beglaubigung und Vollmacht fragen? Muß hinter ihm nicht eine Geschichte in ihrer Greifbarkeit und Materialität stehen? Ist es denn nicht »nur« die Bezeugung eines Geschehens, das von diesem Wort unterschieden werden muß? Ist nicht mit Goethes Faust zu sagen: »Ich kann das Wort so hoch unmöglich schätzen«? Ist nicht der Anfang des Johannesevangeliums »faustisch« zu korrigieren: »Im Anfang war die - Tat«?

## *Tat als Wort - Wort als Tat*

Halten wir an dieser Stelle inne, um uns vor Augen zu führen, welchen Sinn es hat, in so grundsätzlicher Weise vom »Wort« zu reden, wie es eben geschehen ist. Welchen Sinn hat es, vom »Wort« als der Seinsbestimmung schlechthin zu reden?

Wenn Platon bedenkt, was alles Sein bestimmt, redet er von der »Idee«. Aristoteles redet von der »Form«, Marx - wie Bloch - von der »Arbeit« als der »Selbsterzeugung« der Menschheit, durch die sie in ihre Heimat gelangt. Sind »Idee«, »Form«, weltgeschichtliche »Arbeit« denn nicht umfassendere Begriffe als das mündliche »Wort«?

Den Weg zur Beantwortung dieser Frage können wir beginnen, indem wir uns auf Max Webers Verständnis der Soziologie beziehen. Gegenstand der Soziologie ist das menschliche Handeln. Das menschliche Handeln aber kann Gegenstand wissenschaftlicher Bemühung nur dann sein, wenn es verstehbar und verständlich ist. Es muß im menschlichen Handeln ein Sinn liegen, den der Forscher herausfinden muß. Man könnte auch sagen: das Handeln muß als sprechendes Handeln verstehbar sein. Gewöhnlich unterscheiden wir zwischen Handeln und Reden. Wenn aber jemand in einer bestimmten Situation einen Pflasterstein gegen ein Auto wirft, braucht kein Wort gesprochen zu werden; diese Handlung »spricht«. Ebenso ist eine wortlose Ohrfeige eine sehr »sprechende« Handlung. Es gibt Taten, die »Bände sprechen«. So ist es eine nicht unproblematische Unterscheidung, die Gesinnung des Herzens, das Wort des Mundes und die Tat der Hand auseinanderzuhalten. Freilich ist es ein nicht zu verkennender Unterschied, ob ich gegen einen andern einen bösen Gedanken hege, der ihm vielleicht verborgen bleibt, ob ich ihn mit einem ausgesprochenen Wort verletze oder ob ich ihn töte. Doch muß auch der Zusammenhang von Gesinnung, Wort und Handlung, von Herz, Mund und Hand gesehen werden. Er läßt sich als »Wort« verstehen. Deshalb ist es nicht sinnvoll, zwischen symbolischer und instrumenteller Gewalt strikt zu unterscheiden. Denn »reine« Handlungen sind ebenso sprechend, wie »reine« Worte Fakten schaffen.

Daß Worte Taten sind, wird in manchen Situationen besonders deutlich – sei es durch eine Aussage vor Gericht oder durch ein zu einem Verzweifelten gesprochenes Wort, das ihm den Lebensmut vollends nimmt und ihn in den Tod treibt oder ihm das Leben neu schenkt. Auch nur ein Blick oder gar nur ein Schulterzucken ist eine Tat, die Leben vernichten oder erneuern kann. Wenn nach einem Streit die Kommunikation zerbrochen ist, so kann ein bloßer Blick ohne ein einziges Wort die Vergebung bringen. Der Blick ist dann ein wirksames Wort, eine Tat.

Mit dem »Wort« geht es um Kommunikation schlechthin. Der Satz »Gott hat die Welt durch das Wort geschaffen« heißt dann schlicht: Er will mit uns, samt allen Kreaturen, Gemeinschaft haben. Die Kommunikationszusammenhänge der Menschen untereinander und der Kreaturen überhaupt kommen nur zustande, weil solche Gemein-

schaft und Treue und mit ihr Gerechtigkeit als Weltordnung gestiftet, versprochen, eingesetzt ist. Der Zusammenhalt und die Kommunikation dieser Welt und unseres eigenen Lebens ist in keinem Augenblick in unserer Hand, sondern gewährte Kommunikation, so daß der Mensch antworten kann und alle Kreaturen antworten können, auch einander: »ein Tag sagt's dem andern« (Psalm 19,3).
Auch solche Antwort ist »effektives«, wirksames Wort. Es liegt in ihm keine Wortmagie; es ist das, was in der Lebensgeschichte eines jeden Menschen geschieht. Denken wir einmal nicht an Rabeneltern, sondern an das, was zwar nicht in der Zeitung steht, aber jeden Tag geschieht: daß ein Kind gewollt, erwartet, in seinem Lebensrecht anerkannt ist, bevor es geboren wird, daß es auf die Welt kommt und von Anfang an Zuwendung erfährt. Ein Kind kommt ja nicht auf die Welt und lächelt. Vielmehr dauert es Tage und Wochen, bis das Kind antwortet, erkennbar antwortet. Aber es tut es nur, weil es durch die zuvorkommende Liebe und Zuwendung angelächelt und angeredet wird. Als angeredetes kann es dann selber antworten. So lernt es das Hören und Reden im Zusammenhang mit seinen Körperfunktionen; im »Begreifen« etwa bilden sich Handeln und Denken zugleich. Die ganze Sprache des Menschen ist von Anfang an von seiner Leiblichkeit durchdrungen. Umgekehrt sind die Gebärden des Menschen und seine Sprache so ineinander verflochten, daß auch das Gesicht eines Menschen »spricht«. Wort und Leib, Wort und Handlung sind so miteinander verbunden, daß sie nicht getrennt werden können. So ist im Unterschied zur abendländischen philosophischen Tradition, die den Menschen durch seinen Intellekt vor den übrigen Lebewesen ausgezeichnet sieht, nach Luther »kein kräftigeres, noch edleres Werk am Menschen ... als Reden«[70]; der Mensch ist nicht primär Vernunftwesen, sondern Sprachwesen. Weil der Mensch Sprachwesen ist, kann er verstehen, daß Gottes Tat als Wort und sein Wort als Tat geschieht. Als Sprachwesen kann er verstehen, wenn von Gottes »leiblichem Wort« die Rede ist – wie im Artikel 5 des Augsburger Bekenntnisses.

### *Wort und Autorität der Bibel*

Wer wie Luther und das Augsburger Bekenntnis das »leibliche Wort« so sehr in den Mittelpunkt stellt, muß sich nach seinem Verständnis der Autorität der Bibel und ihres Verhältnisses zum rechtfertigenden Wort fragen lassen.
Luther liest, hört und versteht die Bibel als Bezeugung eines lebendi-

gen Wortes, als lebendiges Wort selbst, das mich leiblich anspricht, das ich höre, so daß ich davon »singen und sagen« kann. Es liegt Luther alles an der gehörten, gebrauchten und gepredigten Bibel, an der lebendigen Stimme des Evangeliums, der »viva vox evangelii«. Es geht ihm nicht um einen Gedankeninhalt, eine Aussage, sondern um die »Stimme, die da kommt«[71]. Deshalb kann er sagen, Gott habe sein Wort nicht in tote Bücher gesteckt, sondern in die lebendige Stimme, die man hören kann in ihrer ganzen Materialität. Diese Stimme ist nicht nur ein Worthauch, der vergeht, nachdem er im Innern des Menschen vielleicht den Anlaß zu einer Erinnerung an eine Sache gegeben hat, auf die der Mensch immer schon verwiesen ist und die er deshalb erkennen kann[72]. So ist es bei Luther gerade nicht.

Hat Gott sein Wort in die lebendige Stimme gegeben, so versteht man, weshalb Luther - der sich so intensiv wie kaum ein zweiter um den Text, um jeden Buchstaben der Bibel gemüht hat - scheinbar so abschätzig über die Schriftlichkeit des Wortes sich äußern kann und in der Bibel als Schrift nur einen Notbehelf sieht für den Fall, daß nicht mehr gepredigt wird[73]. Er redet so, weil es ihm auf die Mündlichkeit und Öffentlichkeit des Wortes ankommt. Besonders schön stellt sich dies dar in dem »Kurzen Unterricht über das, was man in den Evangelien suchen und erwarten soll«[74]. Dort heißt es von Christus: Es ist die Predigt, das Evangelium, »durch welches er zu dir kommt oder du zu ihm gebracht wirst«[75]. Darin stellt sich ein Kommunikationszusammenhang her. Evangelium ist »nichts anderes als eine Predigt und ein Geschrei von der Gnade und Barmherzigkeit Gottes, durch den Herrn Christus mit seinem Tod verdient und erworben. Es ist eigentlich nicht das, was in Büchern steht und in Buchstaben verfaßt wird, sondern mehr eine mündliche Predigt und lebendiges Wort und eine Stimme, die da in die ganze Welt erschallt und öffentlich wird ausgeschrieen, daß man's überall hört.«[76]

In der »Vorrede auf das Neue Testament« (1522) redet Luther in unerhört eindrucksvoller Weise vom mündlichen Charakter des Neuen Testaments: »Evangelion ist ein griechisches Wort und heißt auf deutsch: gute Botschaft, gute Märe, gute neue Zeitung, gut Geschrei, davon man singet, saget und fröhlich ist. Als David den großen Goliath überwand, kam ein gut Geschrei und tröstliche neue Zeitung unter das jüdische Volk, daß ihr greulicher Feind erschlagen und sie erlöst, zu Freude und Friede gestellt wären, davon sie sungen und sprungen und fröhlich waren. So ist dieses Evangelium Gottes und das Neue Testament eine gute Märe und Geschrei, in alle Welt erschollen durch die Apostel, von einem rechten David, der mit

Sünde, Tod und Teufel gestritten und sie überwunden hat und damit alle die, welche in Sünden gefangen, mit dem Tod geplagt, vom Teufel überwältigt gewesen sind, ohne ihr Verdienst erlöst, gerecht, lebendig und selig gemacht hat und damit zu Frieden gestellt und Gott wieder heimgebracht. Davon sie singen, danken, Gott loben und fröhlich sind ewiglich, wenn sie das fest glauben und im Glauben bestätigt bleiben. Solch Geschrei und tröstliche Märe oder evangelische und göttliche neue Zeitung heißt auch ein neu Testament ... Wie ein Testament ist, wenn ein sterbender Mann sein Gut bescheidet nach seinem Tode den benannten Erben auszuteilen, so hat auch Christus vor seinem Sterben befohlen und beschieden, solches Evangelium nach seinem Tode auszurufen in alle Welt und damit allen, die glauben, zu eigen gegeben alles sein Gut, das ist: sein Leben, womit er den Tod verschlungen, seine Gerechtigkeit, womit er die Sünde vertilgt, und seine Seligkeit, womit er die ewige Verdammnis überwunden hat. Nun kann ja der arme Mensch, in Sünden tot und zur Hölle verstrickt, nichts Tröstlicheres hören als solche teure, liebliche Botschaft von Christus. Sein Herz muß von Grund lachen und fröhlich darüber werden, wo er's glaubt, daß es wahr ist.«[77]

Aus solchem Verständnis des Evangeliums ergibt sich, daß Luther die Frage nach der Vollmacht des mündlichen, leiblichen Wortes in dessen Verhältnis zur Autorität des geschriebenen Wortes der Bibel in keiner Weise formal beantwortet, sondern höchst inhaltlich - mit dem Hinweis darauf, daß das gepredigte und mündlich widerfahrende Wort Jesus Christus in seiner Gegenwart selbst ist. Das Wort ist »die Stimme, ...die da sagt: Christus ist dein eigen mit Leben, Lehren, Werken, Sterben, Auferstehen und allem, was er ist, hat, tut und vermag«[78].

Damit ist der Maßstab - der »Kanon« - gesetzt für das, was Wahrheit schlechthin ist, was im Streit der Rechtfertigungen als wahrhaft rechtfertigendes Wort gilt[79]. Darin »stimmen alle rechtschaffenen heiligen Bücher überein, daß sie allesamt Christum predigen und treiben. Auch ist das der rechte Prüfstein, alle Bücher zu tadeln, wenn man sieht, ob sie Christum treiben oder nicht, da alle Schrift Christum zeiget (Römer 3,21) und Sankt Paulus nichts als Christum wissen will (1. Korinther 2,2). Was Christum nicht lehrt, das ist nicht apostolisch, wenn's gleich Sankt Petrus oder Sankt Paulus lehrte. Wiederum, was Christum predigt, das ist apostolisch, wenn's gleich Judas, Hannas, Pilatus und Herodes täte.«[80]

Wäre das Evangelium nicht Jesus Christus selbst und damit die ganze ungeteilte Gegenwart des dreieinen Gottes, könnte das Evangelium nicht die Macht und Kraft Gottes genannt werden, wie es Paulus in der Zusammenfassung des Römerbriefes (Römer 1,16 und 17) tut: »Ich schäme mich des Evangeliums von Christus nicht; denn es ist eine Kraft Gottes, die da selig macht alle, die daran glauben, die Juden vornehmlich und auch die Griechen. Denn darin wird offenbart die Gerechtigkeit, die vor Gott gilt, welche kommt aus Glauben in Glauben; wie denn geschrieben steht: ›Der Gerechte wird aus Glauben leben‹.« Das Wort des Evangeliums ist als »Kraft« Gottes nichts anderes als sein »Reich«. Das Evangelium ist das Reich Gottes selbst. Das Evangelium kündigt das Reich Gottes nicht bloß an, weist nicht nur auf es hin, sondern bringt es her, läßt mich und alle, die es hören, in dieses Reich wirklich eintreten. Als Jesus Christus, als Gott selbst bietet das mündlich gepredigte Evangelium nicht etwa nur eine Möglichkeit, die ich erst durch meine Glaubensentscheidung verwirkliche, zur Wirklichkeit mache. Dieses Wort *ist* die Macht Gottes, sein Reich.

Ist nun das Wort so wichtig, dann kommt es auf seine genaue Gestalt an. Es hat die Gestalt einer »Zusage«: »Fürchte dich nicht, denn ich habe dich erlöst, ich habe dich bei deinem Namen gerufen, du bist mein!« (Jesaja 43,1). Oder: »Fürchtet euch nicht, euch ist heute der Retter geboren!« (Lukas 2,11). Die ganze Bibel - des Alten und Neuen Testamentes - ist voll solcher Zusagen. Am eindeutigsten kommt für Luther Jesus Christus als das rechtfertigende Wort Gottes in Gestalt der Zusage der Absolution, der Taufe und des Herrenmahles heraus: »Ich spreche dich los von deinen Sünden!« »Ich taufe dich im Namen Gottes, des Vaters und des Sohnes und des Heiligen Geistes!« Das heißt: »Du gehörst mir, stehst in meiner Hand«, spricht Gott, und: »Nehmet hin und esset: Das ist mein Leib für euch! Nehmet hin und trinket: Dieser Kelch ist der neue Bund kraft meines Blutes, vergossen zur Vergebung eurer Sünden.« Kurz zusammengefaßt: »Ich bin für euch!« In solcher Zusage eröffnet sich Gott in seiner Gemeinschaft mit uns.

Der Begriff der »Zusage«, des »Versprechens« (»promissio«) bildet die Mitte von Luthers Theologie. Mit Gottes Promissio ist nicht primär gemeint, daß etwas Zukünftiges angesagt und in Aussicht gestellt wird. Die Promissio meint nicht eine heilsgeschichtliche Verheißung, die sich erst in der Zukunft erfüllen wird. Sie ist vielmehr eine rechtskräftige Zusage mit sofortiger Wirkung. Luther dürfte sich

mit solchem Verständnis wohl im Zusammenhang germanisch-mittelalterlichen Rechtsdenkens bewegen, in dem die Selbstbindung und Selbstverpflichtung des Herrschers beim Regierungsantritt »promissio« genannt wurde[81]. Diesem Rechtsdenken entsprechend bindet sich Gott in der in seinem Namen ergehenden Promissio und legt sich in ihr fest; er läßt sich bei ihr behaften und ergreifen. Der Glaube ergreift und faßt Gott, indem er auf das gegebene Versprechen eingeht und damit auf »Gottes Treue, Wahrheit, Wort, Gerechtigkeit«[82]. Der Glaube hat seine Wahrheit in der Teilnahme an Gottes Versprechen und Treue, die sich ihm zugesprochen und mitgeteilt hat. »So heißt Wahrheit Treue, daß man sich auf einen verlassen darf und Zuflucht zu ihm habe, und derselbe halte, was er geredet und was man sich zu ihm versieht. Also läßt sich Gott auch rühmen gegen uns in der Schrift allenthalben, daß er barmherzig und treu sei, das ist, daß er Liebe und Treue beweiset und uns alle Freundschaft und Wohltat erzeigt und wir uns auf ihn voll Zuversicht verlassen können, daß er tut und hält treulich, was man sich zu ihm versieht. Solche Treue und Wahrheit heißt [hebräisch] Emeth. Daher kommt Emuna, welches Sankt Paulus selbst aus Habakuk verdolmetscht: Glaube (Römer 1,17): ›Der Gerechte lebt seines Glaubens.‹ Und wird im Psalter oft zu Gott gesagt: dein Glaube, oder: in deinem Glauben, darum daß er solchen Glauben gibt und auf seine Treue baut; so daß die zwei Worte Wahrheit und Glaube im Hebräischen fast gleich, und schier eines für das andere genommen wird. Wie auch auf deutsch wir sagen: der hält Glauben, der wahrhaftig und treu ist. Wiederum wer mißtraut, den hält man für falsch und ungläubig.«[83]
Gott hält, was er verspricht. Er gelobt sich (= glaubt) dem Menschen; er glaubt ihm, indem er ihm Glauben schenkt - in des Wortes doppelter Bedeutung: indem er sich dem Menschen gelobt und vertraut, damit dieser ihm vertrauen und glauben kann.

### *Gott der dreieine*

Dem Glauben an Gottes Versprechen teilt sich die ganze Gottheit mit: der Vater, der Sohn und der Heilige Geist. »Das sind die drei Personen und ein Gott, der sich uns allen selbst ganz und gar gegeben hat mit allem, was er ist und hat. Der Vater gibt sich uns mit Himmel und Erde samt allen Kreaturen, so daß sie uns dienen und nützen müssen. Aber diese Gabe ist durch Adams Fall verfinstert und unnütz geworden. Darum hat danach auch der Sohn sich selbst uns gegeben, alle seine Werke, Leiden, Weisheit und Gerechtigkeit geschenkt und uns mit dem Vater versöhnt, damit wir, wieder lebendig und gerecht, auch den Vater mit seinen Gaben erkennen und haben können. Weil aber diese Gnade niemandem nützte, wenn sie heimlich und verborgen bliebe und zu uns nicht kommen könnte, so kommt der heilige Geist; auch er gibt sich uns ganz und gar. Er lehrt uns diese Wohltat Christi, die uns erzeigt ist, erkennen, hilft, sie zu empfangen und zu behalten, nützlich zu gebrauchen und auszuteilen, zu mehren und zu fördern.«[84]

Gottes Sein als Gabe und Versprechen wird von Luther in einem dramatischen Lied besungen: »Nun freut euch, lieben Christen g'mein . . .« Dieses Lied ist das sprechendste und zugleich zutreffendste Bekenntnis zu Gott dem dreieinen, das ich kenne. Sonst schwanken die Versuche, von Gott dem dreieinen zu reden, zwischen der Bestimmung zeitloser Beziehungen zwischen Vater, Sohn und Geist einerseits und der Annahme von – in der Zeit aufeinander folgender – Epochen des Vaters, des Sohnes und des Geistes andererseits. Oder aber finden sich Versuche, diese Extreme in einer Verschränkung von Spekulation und Geschichte aufzuheben. Was in all diesen Versuchen nicht wahrgenommen wird, ist Gottes Sein als Gabe und Versprechen, in dem er uns sich selbst ganz und gar gibt.

Wie Gott in sich selbst Gespräch ist und kraft dessen für uns zu uns spricht, bringt Luther mit diesem Lied als Drama zur Sprache. Es ist das Geschehen unserer Rechtfertigung; »da bist du selig worden« (Strophe 8). Sie geschieht dadurch, daß Gott selbst sich in den tödlichen Streit der Rechtfertigungen begibt und ihn an sich erleidet, ihn in sich austrägt. Er nimmt ihn mit dem Tod seines Sohnes, damit aber mit seinem eigenen Tod, in sich hinein und überwindet ihn – für uns.

1. Nun freut euch, lieben Christen g'mein,
und laßt uns fröhlich springen,
daß wir getrost und all in ein
mit Lust und Liebe singen,
was Gott an uns gewendet hat
und seine süße Wundertat;
gar teur hat er's erworben.

2. Dem Teufel ich gefangen lag,
im Tod war ich verloren;
mein Sünd mich quälte Nacht und Tag,
darin ich war geboren;
ich fiel auch immer tiefer drein,
es war kein Guts am Leben mein,
die Sünd hatt' mich besessen.

3. Mein guten Werk, die galten nicht,
es war mit ihn' verdorben;
der frei Will haßte Gotts Gericht,
er war zum Gut'n erstorben.
Die Angst mich zu verzweifeln trieb,
daß nichts denn Sterben bei mir blieb;
zur Höllen mußt ich sinken.

4. Da jammert' Gott in Ewigkeit
mein Elend übermaßen;
er dacht an sein Barmherzigkeit,
er wollt mir helfen lassen.
Er wandt zu mir das Vaterherz;
es war bei ihm fürwahr kein Scherz,
er ließ's sein Bestes kosten.

5. Er sprach zu seinem lieben Sohn:
»Die Zeit ist hie zu erbarmen;
fahr hin, meins Herzens werte Kron,
und sei das Heil dem Armen
und hilf ihm aus der Sünden Not,
erwürg für ihn den bittern Tod
und laß ihn mit dir leben.«

6. Der Sohn dem Vater g'horsam ward,
er kam zu mir auf Erden
von einer Jungfrau rein und zart;
er sollt mein Bruder werden.
Gar heimlich führt' er sein Gewalt,
er ging in meiner armen G'stalt;
den Teufel wollt er fangen.

7. Er sprach zu mir: »Halt dich an mich,
es soll dir jetzt gelingen;
ich geb mich selber ganz für dich,
da will ich für dich ringen.
Denn ich bin dein und du bist mein,
und wo ich bleib, da sollst du sein;
uns soll der Feind nicht scheiden.

8. Vergießen wird er mir mein Blut,
dazu mein Leben rauben;
das leid ich alles dir zugut,
das halt mit festem Glauben.

Den Tod verschlingt das Leben mein,
mein Unschuld trägt die Sünde dein;
da bist du selig worden.

9. Gen Himmel zu dem Vater mein
fahr ich von diesem Leben;
da will ich sein der Meister dein:
den Geist will ich dir geben,
der dich in Trübnis trösten soll
und lehren mich erkennen wohl
und in der Wahrheit leiten.

10. Was ich getan hab und gelehrt,
das sollst du tun und lehren,
damit das Reich Gotts werd gemehrt
zu Lob und seinen Ehren;
und hüt dich vor der Menschen G'satz,
davon verdirbt der edle Schatz:
das laß ich dir zur Letze.«

Ausgehend vom Gotteslob in der Gemeinde (Strophe 1) wird als Antwort auf die Klage des alten und verlorenen Menschen (Strophen 2 und 3; vgl. Römer 7,24) Gottes Selbsthingabe - als Selbstbindung - trinitätstheologisch so gesagt, daß der aus der Tiefe der Hölle rufende Mensch erhört, hörend und empfangend in das innere Gespräch Gottes von vornherein einbezogen ist. Das Gespräch zwischen Vater und Sohn, Sohn und Vater ist kein spekulativer trinitätstheologischer Gedanke, sondern wird als von vornherein dem Sünder geltendes Geschehen, als »Barmherzigkeit«, erzählt. Das ganze Sein Gottes wird als sich selbst gebende Zusage verstanden, die der Sohn dem im Tod verlorenen Menschen zuspricht: »Halt dich an mich . . .; ich geb mich selber ganz für dich . . .!« (Strophen 7-10).
Was für eine Zusage! Von ihr muß man singen. »Denn Gott hat unser Herz und Gemüt fröhlich gemacht durch seinen lieben Sohn, welchen er für uns gegeben hat zur Erlösung von Sünden, Tod und Teufel. Wer solchs mit Ernst glaubt, der kann's nicht lassen: er muß fröhlich und mit Lust davon singen und sagen, so daß es andere auch hören und herzukommen.«[85]
Die im Lied erzählte Geschichte und Zusage dessen, der zu mir spricht: Halt dich an mich!, ist nicht die Geschichte Martin Luthers allein. Viele stimmten ein und sahen in Luthers Lebenswende ihr eigenes Leben gewendet. Albrecht Dürer etwa bezeugt, Luther habe

ihm mit seinem reformatorischen Wort »aus großen Ängsten« geholfen[86].
Es waren die Ängste einer ganzen Epoche; so ist verständlich, daß auch die Befreiung epochal wirkte. Was einem einzelnen auf seine in tiefster Angst vor Gottes Gericht erlittene Frage nach der Gnade als Antwort zuteil wurde, wurde vielen anderen zum Grund und Bekenntnis ihres Glaubens. Es wurde freilich auch umgebogen und mißbraucht; kaum hatte Luther von der Freiheit eines Christenmenschen zu predigen begonnen, da mußte er auch schon gegen ihren Mißbrauch kämpfen. Er tat dies nicht so, daß er von den guten Werken redete, die zum Glauben hinzukommen müßten, sondern so, daß er zum Glauben zurückrief, der geschieht, »wenn der Heilige Geist den Leuten Glauben gibt an Christo und sie dadurch heiligt«[87].

Fünftes Kapitel:
# Glaube und Heiligung

Als neuzeitliche Menschen denken wir - unter dem Einfluß des Pietismus und der Aufklärung - vom Subjektiven aus, von unserem Glaubensleben, von unserer Gesinnung, von unserer Motivation, von unseren inneren Antrieben und deren Gestaltung aus. »Heiligung« ist in solchem Denken und Leben zunächst eine Sache persönlich individueller Gestaltung und Lebensführung. Dieses Moment findet sich durchaus auch bei Luther; keiner hat die persönliche Verantwortlichkeit und Unvertretbarkeit so scharf betont wie er. Aber dieses Moment gehört in die zweite Linie. »Das Wort Gottes ist von allem das erste. Aus ihm folgt der Glaube, aus dem Glauben die Liebe. Die Liebe schließlich vollbringt jedes gute Werk. Denn sie ist die Erfüllung des Gesetzes.«[88]

»Heiligung« versteht Luther als Werk Gottes des Heiligen Geistes. Er kann in einer für uns heute geradezu »objektiven« Weise von der Heiligung reden. In besonderer Konzentration geschieht dies in der Erklärung des dritten Artikels des Glaubensbekenntnisses im Großen Katechismus und in der Schrift »Von den Konzilien und Kirchen« (1539). Vor allem von dieser Schrift aus stellen wir uns der Frage nach dem Verhältnis von Rechtfertigung und Heiligung, wie sie in der Kontroverse des Protestantismus mit dem römischen Katholizismus und innerhalb des Protestantismus im Pietismus, Methodismus und in der Heiligungsbewegung gestellt wurde und gestellt wird. Luther hat die Frage nach dem Verhältnis von Rechtfertigung und Heiligung deshalb nicht gestellt, weil für ihn mit der Rechtfertigung allein aus Glauben alles gesagt und alles geschehen ist; das Leben aus dem Glauben ist schon das neue Leben. Wenn Luther gleichwohl von »Heiligung« redet, dann kommt nichts anderes nochmals zur Sprache als die Rechtfertigung. Rechtfertigung und Heiligung sind nicht zwei Akte, die zu unterscheiden wären, etwa so, daß die Heiligung auf die Rechtfertigung folgte oder gar folgen müßte. Redet Luther von »Heiligung«, dann hebt er am Rechtfertigungsgeschehen besonders den institutionellen Aspekt hervor. Entsprechend der ersten und zweiten Tafel der zehn Gebote unterscheidet er dabei Gottes geistliches und weltliches »Recht und Regiment«[89], wobei die Kirche sowohl zum geistlichen wie zum weltlichen Regiment gehört.

*Gemeinschaft der Heiligen*

Ausgangspunkt ist für Luther die neutestamentliche Bezeichnung der Christen als »Heilige«, als von Gott dem Heiligen Geist »Berufene« (vgl. zum Beispiel 1. Korinther 1, 2). In der Schrift »Von den Konzilien und Kirchen«, in der das Thema der Heiligung im Vordergrund steht, wird die Frage, was die Kirche sei, ausführlich erläutert mit dem Hinweis auf die Wirkung des Geistes an Herz, Seele, Leib, Werk und Wesen des Menschen. In beiden Tafeln des Gesetzes wirkt der Heilige Geist; er macht den ganzen Menschen lebendig und heilig. Die Kennzeichen der Kirche sind allesamt »Heiltum«, Mittel der Heiligung, wodurch der Heilige Geist sein Volk nach der ersten Gesetzestafel heiligt. Zwar stehen die dadurch Geheiligten kraft des Werkes Christi, der Vergebung der Sünden, in seiner Nachfolge. Der Blick richtet sich jedoch nicht auf die Heiligen, sondern auf die Heiligung, auf das Wort Gottes in all seinen sakramentalen Gestalten und auf die der zweiten Tafel der Zehn Gebote entsprechenden weltlichen Institutionen. Wird der Mensch geheiligt, so heißt dies, daß Gott selbst ihn heiligt, indem Gott sich ihm als der Heilige, der allein Heilige, mitteilt. Nur Gott selbst ist heilig; und was er spricht und anredet, was er schafft, das ist heilig. Darin teilt sich seine Heiligkeit mit, die er nicht für sich selbst behalten will, sondern mitteilt, an der er teilgibt.
Das Entscheidende, von dem aus sich die Heiligkeit und Heiligung in jeder Hinsicht bestimmt, ist das heilige Wort Gottes: »Dieses ist das Hauptstück und das hohe Hauptheiligtum, davon das christliche Volk heilig heißt. Denn Gottes Wort ist heilig, und heiligt alles, was es anrührt.«[90] Dieses heilige und heiligende Wort Gottes ist zunächst das mündliche Wort: »Auch reden wir von solchem mündlichen Wort, da es mit Ernst geglaubt und öffentlich bekannt wird vor der Welt.«[91]

*Geheiligt durch Gottes Wort der Einsetzung*

Luther redet in einer uns fremden Weise von der Heiligung nicht nur in den Institutionen, sondern durch die Institutionen. Er tut dies, indem er von den drei »Ständen« redet – von den drei grundlegenden Lebensformen, in die hinein Gottes Zusage das Menschsein verfügt hat: der Kirche, der Ökonomie und der »Politie«, dem politischen Gemeinwesen. Alles Natürliche und Kulturelle, die ganze Welt in ihrer Weite und Tiefe der inneren und äußeren Welt, aller sozialen

Verhältnisse und unseres Selbstverhältnisses, steht unter Gottes Wort, das diese Verhältnisse – diese »Institutionen« – »heiligt«.
Luthers Dreiständelehre ist wenig bekannt. Und doch schreibt er selbst ihr eine solch überragende Bedeutung zu, daß er in ihr die erste Regel der Bibelauslegung überhaupt sehen kann. In einer Tischrede aus dem Winter 1542/43 spricht Luther von drei Regeln bei der Bibelübersetzung. Die erste: »Die Bibel redet und lehret von den Werken Gottes, daran ist kein Zweifel. Die Werke Gottes aber sind in drei Stände eingeteilt: in die Ökonomie, die Politie und die Kirche.«[92]
Die drei Stände sind nach Luther das einzige Mittel, durch das Gott den Menschen in seiner alltäglichen Welt heiligt. Luther sagt dies mit dem letzten Ernst des Redens vor Gott und den Menschen in seinem Bekenntnis von 1528, das ihm bis zu seinem Tode sein unwiderrufliches Testament, sein kurzgefaßtes Vermächtnis war. Danach sind die drei Stände »in Gottes Wort und Gebot gefaßt ... Was aber in Gottes Wort gefaßt ist, das muß heilig Ding sein, denn Gottes Wort ist heilig und heiligt alles, was an ihm und in ihm ist.«[93]

### *»Drei Stände«: grundlegende Lebensformen*

Luthers Dreiständelehre ist die Art und Weise, in der er die biblische Urgeschichte schöpfungstheologisch, sündentheologisch und sozialethisch für seine Gegenwart auslegt und in Anspruch nimmt. Die prägnanteste Zusammenfassung seines reifen Verständnisses findet sich in der Auslegung von 1. Mose 2,16 und 17 von 1535. Hier redet Luther von den drei grundlegenden Lebensformen, in die hinein Gottes Zusage das Menschsein verfügt hat; mit der Tradition nennt Luther sie in einem uns kaum mehr verständlichen Wort »Stände«.
Der Grund-Stand ist der des von Gott angeredeten Menschen, der zu dankbarer, freier Antwort bestimmt ist. Das Menschsein des Menschen besteht darin, daß er angeredet ist und deshalb hörend und antwortend selbst reden kann, sich aber auch verantworten muß. In der göttlichen Anrede und der Erwartung der menschlichen Antwort liegt der Grundvorgang des Kultes, der Gottesverehrung, der Grundvorgang von Kirche und Religion, verstanden als Schöpfungsordnung. Zur Kirche als Schöpfungsordnung gehören alle Menschen und alle Religionen, auch alle Atheisten. Jeder Mensch gehört als Mensch – das definiert ihn als Menschen – zur Schöpfungsordnung der Kirche, die freilich durch des Menschen Undankbarkeit, durch seine Sünde korrumpiert: verdorben und verkehrt ist.
In den Grund-Stand der Kirche, in den Grund-Stand von Wort und

Glaube, Wort und Unglaube eingefügt und von ihm durchdrungen und umfangen ist die Schöpfungsordnung des Hausstandes, der Ökonomie. Luther spricht damit das Verhältnis von Eltern und Kindern an, von Mann und Frau, von Mensch und Acker, also die Arbeit: die Auseinandersetzung des Menschen mit der Natur, die Beschaffung seiner Lebensmittel, des täglichen Brotes im weiten Umfang seiner Erklärung der Bitte um das tägliche Brot im Kleinen Katechismus.

Den dritten Stand - den politischen Stand - wollte Luther nicht als Schöpfungsordnung anerkennen, sondern nur als eine erst durch den Sündenfall notwendig gewordene Notordnung, obwohl Luther durchaus wußte, daß die Politie in der Ökonomie gründet, in der Konsequenz des Hausstandes daher von vornherein zu bedenken wäre, in bestimmter Hinsicht also zur Schöpfungsordnung des Hausstandes und dessen Regiment gehört.

Durch den Sündenfall ist nicht nur der Staat mit seinen Zwangsmitteln zur Einhaltung der Rechtsordnung entstanden; durch die Sünde sind auch die beiden eindeutigen Schöpfungsordnungen, der Grund-Stand, die Kirche, und der Haus-Stand, die Ökonomie, gründlich korrumpiert. Sie sind aber in aller Verderbnis nicht vernichtet; auch als korrumpierte Stände bleiben sie in Gottes Zusage gefaßt und damit geheiligt. Durch ihre Verkehrung hindurch gilt es, die Kraft des schaffenden und vergebenden Wortes Gottes in ihnen zu erkennen und zu glauben. Das Werk Jesu Christi ist die Wiederherstellung der Schöpfung. Jesus Christus bringt den ursprünglichen Schöpferwillen Gottes - zum Beispiel im Verhältnis von Mann und Frau - wieder zur Geltung; darin ist Jesus Christus der »Schöpfungsmittler«, durch den alles gemacht ist, was ist (Johannes 1,3). Da die Sünde alles gründlich korrumpiert hat, ist die durch Jesus Christus geschehene Errettung der einzige Weg zur Seligkeit, so daß selbst die von Gott geheiligten Institutionen diesen Weg zur Seligkeit nicht darstellen und man in ihnen, obwohl sie heilig sind und bleiben, auch verlorengehen kann oder aber, im Glauben, gerettet wird[94].

### *»Hoffnung besserer Zeiten«*

Es ist wichtig, auf die drei Stände als den Ort der Heiligung und Raum der Verantwortung besonders zu achten, damit nicht eine oft begegnende Individualisierung und Verengung des Verständnisses der Rechtfertigung und Heiligung Luthers Verständnis überlagert und verstellt. Das Thema der Rechtfertigung und Heiligung nach dem Verständnis Luthers kann nicht behandelt werden, ohne daß die Frage

nach der Heiligkeit der Institutionen, ihrer Heiligung durch Gottes Wort gestellt und beantwortet wird. Gerade von der Dreiständelehre her als der Lehre vom Ort und Raum der Heiligung, die mit der Rechtfertigung identisch ist, kann nun Luthers Verständnis des Wachsens, des Fortschreitens in der Heiligung und sein Verständnis der Geschichte sachgemäß - in der nötigen Weite der Weltverantwortung - angesprochen werden.
Die Heiligung der Welt ist ein wichtiges Anliegen auch des Pietismus. Schon bei Philipp Jacob Spener steht die Wiedergeburt und Erneuerung des einzelnen Menschen, des Christen, im Zusammenhang einer erhofften Erneuerung der ganzen Kirche. Seit den »Pia desideria« (1675) redet Spener von der »Hoffnung besserer Zeiten«[95]. Zunächst sind damit die Zeiten der Kirche gemeint: der Gang, die Geschichte der Kirche, besonders das Verhältnis der Kirche zu den Juden und ihre Aufgabe der Mission, sowie die Diakonie der Kirche[96]. In diesem Zusammenhang steht die chiliastische Hoffnung, die Erwartung eines tausendjährigen Reiches nach der Johannesoffenbarung (Kapitel 20). Die zum Augsburger Bekenntnis (Artikel 17: »Von der Wiederkunft Christi zum Gericht«) bestehende Differenz suchte man durch die Unterscheidung eines krassen und eines subtilen Chiliasmus zu überwinden. Ob und in welcher Weise diese pietistische Hoffnung Voraussetzung oder Anlaß wurde für eine säkulare philosophische und politische Hoffnung, die auch im Marxismus wirkt, ist eine höchst interessante und aufregende Frage, die eigens thematisiert werden müßte.
Ganz im Gegensatz zum Verständnis eines solchen linear fortschreitenden Wachsens steht Luthers Zeitverständnis. Dessen springender Punkt liegt in der eigentümlichen Verschränkung, in der Luther Gericht, Weltvollendung und Schöpfung zugleich wahrnimmt. Er sieht die Welt und sich selbst in ihr in einer eigentümlichen Überschneidung und Verschränkung der Zeiten, wie er sie von Paulus (Römer 8,19-23) gelernt hat: Die Zukunft der Welt kommt aus Gottes Gegenwart. Seine Neuschöpfung macht die alte Welt zur alten und stellt die ursprüngliche wieder her. Das gegenwärtig sich mitteilende Heil verbürgt die kommende Vollendung der Welt und läßt den Widerspruch der leidenden und seufzenden Kreatur der alten Welt zur zugesagten Schöpfung, der ursprünglichen Welt, mit Schmerzen erfahren.[97]

Die Welt und Geschichte so wahrzunehmen, fällt uns, auch vom pietistischen Erbe her, schwer. Denn nach einem hartnäckigen, in unseren neuzeitlichen Vorurteilen gründenden Mißverständnis scheint sich die Rede von Gottes erhaltendem Schöpferhandeln mit der Rede von Gottes zu erwartender Zukunft schwer zu vertragen – wenn nicht gar ihr zu widerstreiten. Doch läßt sich dieses Mißverständnis auflösen. Es rührt daher, daß zu dem Wort »Schöpfung« der Blick zurück zu einem absoluten Anfang zu gehören scheint, während es doch darauf ankomme, den Blick nach vorn auf ein absolutes Ziel reiner Zukunft zu richten und progressive Tendenzen zu fördern, die restaurativen entgegengesetzt sind. Dieser seit der französischen Revolution maßgebenden Orientierung stellt sich Luthers aus der Bibel gelerntes Schöpfungsverständnis quer. Denn das Zeitbewußtsein der Neuzeit und einer ihm zuneigenden Theologie verkennt die eigentümliche Verschränkung der Zeiten, die für die Theologie des Paulus und die Theologie Luthers kennzeichnend ist: Aus dem gegenwärtig Neuen der Gegenwart Gottes kommt die Zukunft der Welt; die gegenwärtig in der Taufe und im Herrenmahl sich eröffnende Neuschöpfung macht die alte, pervertierte Welt zur alten, vergangenen Welt und stellt die ursprüngliche Welt als Schöpfung wieder her.

Dieses Ineinander der Zeiten in deren Ungleichzeitigkeit und eigentümlicher Verschränkung ist nicht etwa nur schwer zu denken, sondern vor allem schwer zu leben. Es ist nur zu begreiflich, daß man lieber in die Vorstellung einer linearen Zeit, in eine Universalchronologie und Geschichtskonstruktion flieht, wie dies Johann Albrecht Bengel getan hat[98], oder aber, im Gegensatz dazu, mit Rudolf Bultmann und Sören Kierkegaard in eine Isolierung des »Jetzt« im »Augenblick« und im Sprung der »Entscheidung«. Luther setzt weder auf einen solchen ausdehnungslosen Augenblick. Noch macht ihm eine chronologische Ordnung der Zeit die Geschichte durchsichtig; Schlüssel zur Welt ist ihm nicht die Zahl wie bei Bengel, sondern Gottes Zusage. Seine Theologie ist deshalb geschichtstheologischen wie geschichtsphilosophischen Einheitsspekulationen gegenüber spröde. Der Graben zwischen Luther einerseits und Bengel und Hegel samt dessen theologischen Nachfolgern andererseits läßt sich nicht zuschütten.

Luthers Schöpfungs- und Geschichtsverständnis sperrt sich gegen eine Geschichtsphilosophie und vor allem gegen den neuzeitlichen Fortschrittsgedanken. Das besagt nicht, daß der gerechtfertigte Mensch sich im Kreise drehte und keine festen Schritte in eine bestimmte Richtung tun könnte. Das Gegenteil trifft zu. Im Verhältnis des neuen zum alten Menschen gibt es in der Tat Fortschritte. »Wir beginnen«, heißt es in Luthers Schrift »Von der Freiheit eines Christenmenschen«, »und machen Fortschritte in dem, was im kommenden Leben vollendet werden wird.«[99]

In ethischer Hinsicht, im Bereich unserer Werke, unseres Handelns, unseres politischen Engagements, gibt es also durchaus Fortschritte – wenn auch nicht den Fortschritt schlechthin. Damit ist das Fortschreiten im ethischen Sinne vom metaphysischen Druck entlastet. Das Reich Gottes wird nicht durch Reich-Gottes-Arbeit verdient, ist es doch längst bereitet (Matthäus 25,34). Der Fortschrittsgedanke ist kein Heilsgedanke mehr. Er verliert die religiöse Faszination, die er als verkehrter Heilsgedanke ausübt. Er verliert nicht zuletzt seinen Fanatismus im Bereich des Politischen. Als ethisches Fortschreiten ist der Fortschritt, von der Heilsfrage entlastet, wirklich weltlicher Fortschritt; er geschieht nicht im Namen des Absoluten und Totalen, sondern in kleinen, gleichwohl bestimmten Schritten.

Der wirklich weltliche Fortschritt läßt sich »genügen an dem, was vorhanden und gegenwärtig ist« und will die Dinge und Verhältnisse nicht »aufs Künftige« endgültig »meistern und regieren«[100].

Diese Unterscheidung eines ethischen Fortschreitens und eines metaphysischen Fortschritts hat die Neuzeit vergessen. Es ist zu fragen, ob und wodurch auch der Pietismus zu einem solchen Vergessen beigetragen hat – dazu also, daß jener eigentümliche Lebensmut Luthers, wie er in seinem Verständnis der Rechtfertigung und Heiligung liegt, kaum mehr bekannt und zugänglich ist. Dieser eigentümliche Lebensmut – jenseits von Optimismus und Pessimismus – kommt in dem nicht von Luther stammenden, aber sein Verständnis durchaus treffenden Spruch zum Ausdruck: »Wenn morgen die Welt unterginge, pflanzte ich heute noch ein Apfelbäumchen!«[101]

In diesem Spruch ist der Glaube an Gott den Schöpfer und die Hoffnung auf den Untergang der Welt als auf den endgültigen Sieg der Gnade ineinander verschränkt. In solchem Glauben und solcher Hoffnung muß man dem gegenwärtigen Zwielicht zwischen Schöpfung und Vollendung nicht in die angebliche Klarheit einer »Hoffnung besserer Zeiten« innerweltlicher Geschichte entfliehen. Ganz im

Sinne Luthers sagt Johann Georg Hamann: Wenn des Herrn Zukunft »gleich einem Diebe in der Nacht sein wird: dann können weder politische Arithmetiken noch prophetische Chronologien Tag machen . . .«[102]

*Gesetz und Evangelium*

In der Skepsis gegen aufklärerisches Fortschrittsdenken, aber auch gegen manche Formen pietistischen Heiligungsstrebens in der Reich-Gottes-Arbeit gilt es, in der Geschichte so zu leben, daß man sich durch die Unterscheidung von Gesetz und Evangelium bestimmt weiß. Die Konkordienformel, das lutherische Bekenntnis von 1577, sagt im Zusammenhang der Behandlung des Verhältnisses von Rechtfertigung und Heiligung, bezogen auf die Frage nach der Geltung des Gesetzes für die Wiedergeborenen: »Diese zwei Predigten«, Gesetz und Evangelium, »sind von Anfang der Welt her in der Kirche Gottes nebeneinander je und allwege mit gebührendem Unterschied getrieben worden« und sind »für und für bis an das Ende der Welt . . . zu treiben.«[103]

Luther hatte immer betont, daß den Christen, sofern sie durch das Evangelium gerecht gemacht sind, das Gesetz nicht zu predigen ist; wohl aber ist es ihnen zu predigen, insofern sie Sünder sind und damit zur alten Welt gehören. In derselben Weise betont dies auch die Konkordienformel in Artikel 6 bei ihrem energischen Versuch, zu klären, »was das Evangelium zu dem neuen Gehorsam der Gläubigen tue, schaffe und wirke, und was hierin, soviel die guten Werke der Gläubigen anlanget, des Gesetzes Amt«, des Gesetzes Funktion und Aufgabe, sei. Dazu kommt dieses lutherische Bekenntnis immer wieder auf den alten Menschen zurück, um im Blick auf ihn die Geltung des Gesetzes zu betonen. Denn auch den Christen »hängt . . . doch noch immer der alte Adam . . . an«. Der alte Adam ist »der unstellig, streitig Esel«, der störrische Esel, gegen den der neue Mensch einen »stetigen Kampf« führt. Zwischen dem »Christen« und »Rechtgläubigen«, sofern er alter Mensch ist, und dem »Ungläubigen, Unchristen und Unbußfertigen« besteht kein Unterschied! Das eine Gesetz gilt den »Gläubigen . . . nicht weniger als den Gottlosen«.

Stellt sich die im neuzeitlichen Problemzusammenhang besonders dringliche Frage, die uns gegenwärtig in der Friedensdiskussion so sehr zu schaffen macht, wie die Heiligung in der Spontaneität des neuen Gehorsams davor bewahrt bleibt, enthusiastisch zu werden, dann genügt es nicht, auf die bleibende Bedeutung des Gesetzes für

den alten Menschen hinzuweisen. Es ist mit gleichem Ernst, aber sachlich vorrangig, auf das Evangelium abzuheben. Damit der neue Mensch sich zum alten verhalten kann, muß er vor allem am Leben bleiben. Dazu aber ist er beständig auf den Zuspruch des Evangeliums und die ihm darin geschenkte »fremde« Christusgerechtigkeit angewiesen. Diese wird ihm auch als ihm geltende, zugeeignete und mitgeteilte nie in dem Sinne zu eigen, daß er aus sich selbst heraus sich auf sie besinnen und sich ihrer erinnern könnte. Solche Selbstbezogenheit, auch die Selbstbezogenheit des frommen Menschen, der sich im Wachstum des Glaubens und der Liebe beobachten wollte, stünde im Widerspruch zu der Gemeinschaft, die das Evangelium herstellt.
Damit die Wiedergeborenen und Erneuerten nicht zu sich selbst, zur verzweifelten oder hochmütigen Selbstbeobachtung zurückkehren, ist nicht nur das Gesetz nötig, das solchen Eigenwillen straft und tötet, sondern vor allem das Evangelium, das es zu ihm gar nicht kommen läßt. Vor dem Enthusiasmus wird die Spontaneität des neuen Gehorsams dadurch bewahrt, daß sie nicht, wie der verblendete Eigendünkel will, besitzindividualistisch und heilsegoistisch als mein Eigentum beansprucht, sondern als Geschenk und Gabe eines anderen ergriffen wird, kraft dessen Leben ich aus Glauben lebe.

Sechstes Kapitel:
# Glauben im Rechtsstreit mit Gott

## *Anfechtung und Klage*

Der Glaubende lebt, solange er unterwegs ist, in der Anfechtung. Je größer die Zusage und Erwartung, desto tiefer und leidenschaftlicher die Klage und Frage: »Warum?« (Psalm 22,2). Angesichts des täglich erfahrenen Widerspruchs zu Gottes allen Geschöpfen geltender Lebenszusage erhebt sich mit Macht die Frage, ob Gott hält, was er versprochen hat und verspricht. Gerade als Gegensatz zur zugesagten Erhörung schmerzt die Not der Welt - Unrecht, unschuldiges Leiden, Hunger, Mord und Sterben.

Klage ist nur angesichts der Zusage ihrer Erhörung. Ohne Zusage keine Klage. Hiob kann sein im Dunkeln und Unfaßbaren liegendes Gegenüber in Klage, Protest und Rechtsstreit nur deshalb anreden und herausfordern, weil es sich einst hat hören lassen und auch im Verborgenen hört. Ebenso setzt die in Gottesdiensten des Ostjudentums laut gewordene Herausforderung Gottes, die Verletzung seiner Schöpfung zu verantworten und sich zu rechtfertigen, voraus, daß er sich anrufen läßt. Vorausgesetzt ist dies selbst noch in jener moralischen Empörung, der die biblische Frage »Warum muß der Gerechte leiden?« im Schmerz gerade zum »Fels des Atheismus« geworden ist, wie Georg Büchner in »Dantons Tod« (III. Akt) sagt: »Warum leide ich? Das ist der Fels des Atheismus. Das leiseste Zucken des Schmerzes, und rege es sich nur in einem Atom, macht einen Riß in der Schöpfung von oben bis unten.«

Wer Gottes Zusage glaubt und in den von Gott durch sein Wort geheiligten Institutionen lebt, verleugnet diesen »Riß in der Schöpfung von oben bis unten« nicht. Er erfährt ihn als Widerspruch zur zugesagten Welt, der »sehr guten« Schöpfung (1. Mose 1,31), und verkennt ihn nicht. Aber der Schmerz macht ihn nicht zum Gottlosen, der nichts mehr fühlt und nicht mehr zu Gott schreit. Er streitet vielmehr mit Gott wie Hiob, den »dünkt, daß Gott nicht Gott, sondern nur Richter und zorniger Tyrann sei, der mit Gewalt verfährt und nach niemandes guten Leben fragt . . . Dies verstehen allein die, welche auch erfahren und fühlen, was es sei, Gottes Zorn und Urteil zu leiden, und daß seine Gnade verborgen sei.«[104]

## *Gottes Verborgenheit*

Diese Situation der Anfechtung, in der Gott sich entzieht und verbirgt, wird von Luther nicht überspielt und verharmlost, sondern in letzter Tiefe und Schärfe wahrgenommen. Die Erfahrungen des Leidens werden nicht verkannt. Luther weigert sich aber, sie als endgültig anzuerkennen. Deshalb flieht er weg vom sich verbergenden Gott - hin zu dem Mensch gewordenen und offenbaren Gott. Es gilt, »gegen Gott zu Gott zu dringen und zu rufen«[105].

Der verborgene Gott ist der unzugänglich ferne und zugleich zudringlich nahe Gott, der sich dir »in seinem Wort nicht definiert hat«, vielmehr, »in Majestät verborgen, den Tod nicht beklagt und aufhebt, sondern Leben, Tod und alles in allem wirkt«[106]. Gott in seiner erdrückend unbegreiflichen Verborgenheit läßt sich nur klagen. Mit dieser Klage wird in eminenter Weise Welt wahrgenommen. Denn sie gibt den Glauben der »sehr guten« Schöpfung nicht auf und verharmlost gleichwohl das Böse und das Leiden nicht; sie läßt es nicht zum Nichtigen werden. Mit ihr wird der Schmerz gerade in der Tiefe erlitten. Das ist die tiefste Anfechtung, daß der, der sich in der Zusage des Lebens und ewiger Gemeinschaft vorstellt und sich für sie verbürgt, den Tod nicht beklagt und aufhebt, sondern Leben, Tod und alles in allem wirkt.

In Luthers Unterscheidung und Zuordnung von »verborgenem« und »offenbarem« Gott geht es nicht um einen spekulativen Gedanken, um ein Mittel also, Unerträgliches erträglich zu machen und auch das Leiden sinnvoll erscheinen zu lassen. Die Rede vom »verborgenen« Gott hat vielmehr einen unmittelbaren »Sitz im Leben« - in der Klage. Sie wird von der Anfechtung als Klage herausgepreßt.

## *Zusage der Erhörung*

Der Ruf solcher Klage ist kein menschliches Urphänomen wie der unartikulierte Schrei des Schmerzes, den der Mensch mit anderen Geschöpfen teilt. Schon der Schrei der Empörung und Anklage setzt eine Erwartung voraus, die enttäuscht wurde. Unrecht erleidet, wer um Recht weiß. Verletztes und erschlagenes Lebensrecht schreit, weil es von dem, der es gab, gehört wird. Der Richter ist der Schöpfer. »Die Stimme des Bluts deines Bruders schreit zu mir von der Erde« (1. Mose 4,10). »Denn er gedenkt und fragt nach ihrem Blut; er vergißt nicht des Schreiens der Armen« (Psalm 9,13).

Daß Not beten lehre, trifft nicht immer zu. Not kann in klaglose Resignation, in die Verzweiflung oder in den eigenmächtigen Versuch

ihrer Überwindung treiben; sie führt aus sich heraus nicht notwendig in die Klage vor Gott. Dazu bedarf es des zuvorkommenden Wortes, einer Ermächtigung. »Mein Herz hält dir vor dein Wort: ›Ihr sollt mein Antlitz suchen.‹ Darum suche ich auch, Herr, dein Antlitz« (Psalm 27,8). Klage und Bitte geschehen nur kraft der Zusage. »Rufe mich an in der Not, so will ich dich erretten ...« (Psalm 50,15). Gott ist der, der den Menschen anredet, hört und ihn erhört hat, bevor er zu ihm ruft; »ehe sie rufen, will ich antworten« (Jesaja 65,24).
Nur kraft solchen zuvorkommenden Wortes, der zuvorkommenden Antwort, lehrt die Anfechtung aufs Wort merken. Kraft der zuvorkommenden Antwort treibt die Klage in der Anfechtung dazu, den unbegreiflichen Gott dort zu ergreifen, wo er sich ergreifen und fassen läßt: im Wort seiner Zusage. Äußerst verdichtet läßt sich seine Zusage im Herrenmahl hören und schmecken. Herr des Mahles ist der Gekreuzigte. Er hat »den Tod geschmeckt« (Hebräer 2,9), erzählt ihn und hat als Lebendiger das endgültige Wort eben kraft seines Todes. So sind aus der Mitte des Lebens, wie sie im Gemeinschaftsmahl wahrgenommen wird, Leiden und Tod nicht ausgeschlossen. Sie sind in das tägliche Brot eingeschlossen. Daher weckt das Gabewort des Mahles, in dem Gott sich ganz und gar gibt wie in jeder anderen Predigt, die »Eucharistie«: den Dank und die Freude. Aus ihr kommt eine neue Zuwendung zu den Mitgeschöpfen in einem eigentümlichen Lebensmut. Der Glaube als »lebendige, wagende Zuversicht auf Gottes Gnade ... macht fröhlich, trotzig und lustig gegen ... alle Kreaturen«[107]. Er ist der Mut, die Rettung aller Dinge durch Gericht und Tod hindurch zu erwarten. In der Zusage dieses Mutes ist Gott befreiend unbegreiflich offenbar.
Jene sich uns, solange wir unterwegs sind, nicht aufhellende, erdrükkend unbegreifliche Verborgenheit Gottes aber läßt sich nur klagen. Sie ist von uns nicht zu rechtfertigen. Weder in der Existenz noch im Denken läßt sie sich aufheben – selbst nicht in einem so verführerischen Versuch wie dem der Spätphilosophie Friedrich Wilhelm Schellings, der die Macht des Bösen philosophisch ernst nehmen möchte. Indem er das Böse jedoch als notwendiges Moment der Selbstwerdung Gottes zu rechtfertigen sucht, wird das Böse zu einem Prinzip. Luthers Rede vom »verborgenen« Gott steht dem aber gerade entgegen.
Es stellt sich von hier aus die entscheidende Frage, ob der rechtfertigende Glaube und die in ihm beschlossene Hoffnung in der menschlichen Ausweglosigkeit und Verstrickung ansetzt, ob er am Negativen aufbricht oder ob von der zugesagten Güte aus das Böse erlitten, bekämpft und die Verzweiflung hoffend ausgehalten wird.

Christliche Theologie zerstört sich selbst, wenn sie nicht zuerst und zuletzt vom Guten redet, sondern von Erfahrungen des Negativen auszugehen versucht und die verzweifelte Hoffnung Adornos hegt, daß »die vollendete Negativität, einmal ganz ins Auge gefaßt, zur Spiegelschrift ihres Gegenteils« zusammenschieße. In dieser verzweifelten Hoffnung, daß das Böse in das Gute umschlägt, kommen Adornos »Reflexionen aus dem beschädigten Leben« zum Ende.[108]

Begegnet die Güte Gottes aber nicht positiv, hat sie überhaupt keinen Ort in der Welterfahrung, begegnet sie nur am Negativen, das nach ihr schreit, dann ist sie nur als versagte und zugleich geforderte gegenwärtig. Dann ist die Güte und Gerechtigkeit Gottes nichts als reines Postulat der praktischen Vernunft. Sie ist eine »Forderung«, der gegenüber, wie Adorno sagt, »die Frage nach der Wirklichkeit oder Unwirklichkeit der Erlösung selber fast gleichgültig« ist. Von hier aus wird deutlich, was der Irrealis (»wäre«) besagt, den Adorno gebraucht: »Philosophie, wie sie im Angesicht der Verzweiflung einzig noch zu verantworten ist, wäre der Versuch, alle Dinge so zu betrachten, wie sie vom Standpunkt der Erlösung aus sich darstellten. Erkenntnis hat kein Licht, als das von der Erlösung her auf die Welt scheint . . .«

Angesichts der »negativen Dialektik« Adornos stellt sich die Frage nach dem Positiven in besonderer Schärfe. Was ist das nicht irreale, das schon gewährte Gute? Was ist die Vorgabe, die menschliches Handeln nicht einholen kann? Die Frage stellt sich ähnlich angesichts der bewegenden negativen Theologie, die Luther vor seiner reformatorischen Wende (1518) gelebt und gelehrt hat. Der vorreformatorische Luther hatte in ungeheurer Negation aller Weltbezüge mönchische Askese gelebt. Dabei war der täglich in allen sieben Horen zu betende Psalm 51 besonders in seinem Vers 6 die Quelle ständigen Gotteshasses[109] und der Ungewißheit des Heils: »An dir allein habe ich gesündigt und übel vor dir getan, auf daß du recht behaltest in deinen Worten und rein bleibst, wenn du gerichtet wirst.« Die Rechtfertigung war eingeengt auf das Verhältnis von Gott und Selbst, das aber nur darin sein Gottesverhältnis hatte, daß es negativ – unter Negation allen Welt- und Selbstbezuges – gleichwohl auf sich selbst bezogen und darin ungewiß blieb. Die Theologie des vorreformatorischen Luther war eine Theologie radikaler Weltverneinung, eine Theologie radikaler Entweltlichung und zugleich eine Theologie der Ungewißheit.

Für Luthers reformatorisches Verständnis dagegen ist sowohl die

Heilsgewißheit wie der umfassende Welthorizont bestimmend, der nun aber nicht mehr nur negativ, sondern eminent positiv wahrgenommen wird. Denn der Glaube an die Zusage des Lebens durch den Tod hindurch und die in dieser Zusage gründende Hoffnung schließen von der Welt nicht ab, sondern schließen sie in einer unerhörten Weite und Tiefe auf. Freilich nun nicht so, wie es die nachchristliche natürliche Theologie etwa Hegels will, nach der die Welt und ihre Geschichte durchsichtig sind und der betrachtende Geist erkennen kann, daß es in ihr »vernünftig zugegangen ist«[110]. Der Glaube tritt in die Weite der Natur und Geschichte nicht spekulativ; die positive Wahrnehmung der Welt bedeutet nicht ihre Rechtfertigung. Heilsgewißheit ist kein Wissen. Darin unterscheidet sich die Theologie Luthers fundamental von der Philosophie Hegels.

*Heilsgewißheit ist kein Wissen*

Zwar weiß auch Hegel um das Elend dieser Welt, um ihre Ungerechtigkeit und das Leiden in ihr, um die Unvernunft und die Millionen von Opfern der Weltgeschichte, jenes Kampfes aller gegen alle um Anerkennung. Er kann dies alles aber als gerechtfertigte und vernünftige Wirklichkeit begreifen aufgrund eines spekulativen Verständnisses des Todes Gottes und der mit diesem Tod gestifteten Versöhnung. Die Kraft der Auferstehung greift als »Geist« durch alle Widersprüche versöhnend hindurch, so daß Hegel sagen kann:

> »Was vernünftig ist, das ist wirklich;
> und was wirklich ist, das ist vernünftig.«[111]

Der betrachtende Geist, das Denken, erfaßt mit der gesamten geschehenen Geschichte die eigene Zeit und Gegenwart in Gedanken und rechtfertigt sie auf diese Weise. So bringt das Denken die Rechtfertigung zuwege, rechtfertigt das gesamte Sein einschließlich des Seins Gottes. Es ist für Hegel Gott selber, der sich in unserem Gott rechtfertigenden Denken selber rechtfertigt und sich schon jetzt endgültig Recht gibt. »Dabei, daß einzelne Individuen gekränkt worden sind, kann die Vernunft nicht stehen bleiben.«[112] Der Einzelne in seiner Besonderheit und Sinnlichkeit gerät auf die Müllkippe der Weltgeschichte; er ist Abfall. Nur insofern er Moment des Allgemeinen ist, ist seine Existenz gerechtfertigt. So werden nun doch Elend und Leiden dieser Welt als letztlich unerheblich betrachtet. Diese kontemplative Theodizee wähnt die schmerzende Differenz zwischen der Zusage des Lebens und dem, was ihr widerspricht, schon aufgehoben. Die Leidenschaft der Klage, die diese Differenz wahrnimmt, erlischt und weicht »der leidenschaftslosen Stille der nur denkenden Erkenntnis«[113]. In solcher leidenschaftslosen Stille der nur denkenden Erkenntnis sind die überkommenen Unterscheidungen zwischen dem Licht der Natur, dem Licht der Gnade und dem Licht der Herrlichkeit schon aufgehoben. Gott schaut sich nach Hegel in unserem Geist und durch ihn hindurch selbst an und läßt uns erkennen, daß alles insgesamt vernünftig und gerechtfertigt ist.

*Zuvor bereitet*

Solche kontemplative Theodizee hat Luther, besonders in seiner Schrift »Vom unfreien Willen«, ebenso klar abgelehnt wie jede Form der aktiven Theodizee, die Gottes Gerechtigkeit gegen die Welterfahrung postuliert und handelnd die Antwort auf das Problem der Theodizee gibt. Denn Gottes Gerechtigkeit, sein Reich, kann nicht durch menschliche Leistung erarbeitet werden; es wird nicht durch moralisches Handeln erwirtschaftet. Es ist nicht Gegenstand der Pflichterfüllung im Gehorsam des »Kategorischen Imperativs«[114]. Es ist vielmehr Inbegriff kategorischer Gabe, der Gabe schlechthin. Es ist von Gott aus reiner Güte - »umsonst« - geschenkt, von ihm vor Grundlegung der Welt »bereitet«, wie es zugespitzt die Erzählung vom Großen Weltgericht sagt (Matthäus 25,34). Luther hat dies eindrücklich zur Geltung gebracht: »Das Reich Gottes wird nicht bereitet, sondern ist bereitet. Die Söhne des Reiches aber werden bereitet; nicht bereiten sie das Reich. Das heißt: Das Reich verdient die Söhne, nicht die Söhne das Reich.«[115]

Die Frage der Theodizee kann weder aktiv, wie bei Kant, noch kontemplativ, wie bei Hegel, beantwortet werden. Sie läßt sich weder spekulativ noch moralisch bewältigen; sie läßt sich in keiner Weise »bewältigen«. Der Umgang mit ihr kann vielmehr nur »praktisch«[116] im Sinne der Erfahrung sein, wie sie in der Meditation - dem hörenden und lernenden Umgang mit der Bibel -, in der Anfechtung und im Gebet geschieht[117]. Die passive Gerechtigkeit des Glaubens führt keinen Rechtsstreit *um* Gott und seine Gerechtigkeit, wie es die natürliche, begnadete oder vermeintlich schon verherrlichte Vernunft vor ihrem eigenen Forum tut, sondern einen Rechtsstreit *mit* Gott im Gebet - in der Klage vor ihm.

Die passive Gerechtigkeit des Glaubens widerfährt angesichts der Widersprüche und des »Risses in der Schöpfung von oben bis unten«. Das Tor zum Paradies ist wieder offen. Darin gipfelt Luthers Bericht in seinem Selbstzeugnis der reformatorischen Wende, des reformatorischen Durchbruchs im Widerfahrnis der Gerechtigkeit des Glaubens. Zwar sieht sich der neue Mensch, dem die Tür zum Paradies wieder aufgeschlossen ist, von der alten Welt unterschieden, aber auf sie eben zugleich auch in schmerzhafter Weise bis zu seinem Tode bezogen. Wer glaubt, ist der Anfechtung nicht ein für allemal entnommen. Der Glaube ist vielmehr der Mut, der Anfechtung standzuhalten und zu Gott zu rufen, seiner Erhörung gewiß, auch wenn er nicht zu hören und zu antworten scheint.
Luthers umfassendstes und - der Sache nach - sein letztes Wort zur Frage der Rechtfertigung ist der Schlußteil der Schrift »Vom unfreien Willen«[118]. Dieser Schlußteil zeigt eindrücklich, in welcher Weise Luther dem Atheismus begegnete. Daraus wird deutlich: So zwingend das Problem der Rechtfertigung im Streit der Rechtfertigungen jedem verständlich zu machen ist, so wenig zwingend ist es, in diesem Zusammenhang von Gott zu reden, zumal von dem Gott, der in konkreter, sinnlich faßbarer Weise - im Wasser der Taufe, im Brot und Wein des Herrenmahls, im Wort des anderen im Namen Jesu sprechenden Menschen - bedingungslos und unbedingt rechtfertigt. Wer diese Bedingungslosigkeit verkennt und mit dem Licht seiner natürlichen Vernunft, im »Lichte der Natur«, die Weltordnung verstehen will, der möchte einen durchsichtigen Zusammenhang von Tun und Ergehen feststellen und bestätigt sehen - wie die Freunde Hiobs, von denen Luther sagt: Sie »haben einen so weltlichen und menschlichen Gedanken von Gott und seiner Gerechtigkeit, als wäre er, gleich wie Menschen sind, und seine Rechte, wie der Welt Recht ist.«[119] Genauso unangemessen wie das Urteil solcher Rationalisten ist das Urteil der Empiriker. »Wenn man das Urteil der menschlichen Vernunft ansieht und ihm folgt, ist man gezwungen zu sagen, entweder daß kein Gott ist, oder daß er ungerecht ist . . . Denn siehe, wie es den Bösen ganz nach Wunsch, hingegen den Guten sehr elend ergeht; was die Sprichwörter und Erfahrung, die Mutter der Sprichwörter, bezeugen: ›Je größer der Schalk, desto besser das Glück.‹ ›In den Hütten der Gottlosen‹, sagt Hiob (Hiob 12,6), ›herrscht Überfluß‹. Und Psalm 73,12 klagt, daß die Sünder in der Welt Überfluß an Reichtum haben. Hör einmal, ob es nicht nach dem Urteil aller sehr ungerecht ist, daß die Bösen mit Glücksgütern gesegnet und die

Guten schwer heimgesucht werden? Aber so läßt es der Lauf der Welt offen erkennen. Hier sind auch die höchsten Geister darauf verfallen zu verneinen, daß Gott sei, und zu ersinnen, daß das Glück alles blindlings treibe, wie zum Beispiel die Epikuräer und Plinius. Ferner meint Aristoteles, daß jenes sein erstes Sein, um sich vom Elend zu befreien, nichts von den Dingen sehe als sich allein, weil er glaubt, es sei Gott zu beschwerlich, soviele Leiden und soviele Ungerechtigkeiten zu sehen. Die Propheten aber, die geglaubt haben, daß Gott ist, sind in der Frage, ob Gott denn ungerecht sei, versucht und angefochten worden, wie Jeremia, Hiob, David, Asaph und andere.«[120]

Auch der Glaube der Glaubensgerechtigkeit bleibt angefochtener Glaube. Gottes Güte und Liebe sind nicht beweisbar; die Frage, ob Gott denn nicht ungerecht sei, läßt sich nicht abweisen, gerade nicht von dem, der glaubt. Weil Gottes Liebe nicht beweisbar ist, nicht außer allen Zweifel gesetzt werden kann, lebt, wer glaubt, in der Anfechtung. Er ergreift vor Gottes Verborgenheit die Flucht zu seiner Zusage, in der er offenbar ist, flieht in das »Licht des Evangeliums, das allein im Wort und im Glauben kräftig ist«[121]. Den anderen Fluchtweg, Gott zu leugnen und von blindem Schicksal und Glück zu reden, versagt sich der Glaube. Er versagt sich ebenso der Einstimmung in die aristotelische Metaphysik, die noch in Hegels Philosophie der Weltgeschichte als einer Rechtfertigung Gottes wirkt. Den gewalttätigen Enthusiasmus, durch den Begriff einer »Einheit«, durch ein monarchisches Prinzip, die Wirklichkeit stimmig zu machen – was nur um den Preis der Verkennung des Elends dieser Welt, ihrer Ungerechtigkeit und ihres Leidens geschehen kann[122], nüchtert die Skepsis des Glaubens aus. Luther hält es nicht mit Aristoteles und Hegel, sondern mit Hiob und den Propheten. Sie »sind in der Frage, ob Gott denn ungerecht sei, versucht und angefochten worden«.

Will schon das Buch Hiob im Grunde und am Ende nichts anderes sagen, als »daß Gott allein gerecht ist«[123], so ist dies auch Luthers letztes Wort in der Schrift »Vom unfreien Willen«. Nicht im Schauen und Wissen, sondern allein in der Hoffnung des Glaubens gilt: Das »Licht der Herrlichkeit . . . wird zeigen, daß Gott, dessen Gericht jetzt noch von unbegreiflicher Gerechtigkeit zu sein scheint, von höchst gerechter und ganz offenkundiger Gerechtigkeit ist, nur, daß wir inzwischen dies glauben sollen . . .«[124]. Diese »Lösung« der Theodizeefrage erledigt die Klage nicht, sondern hält sie wach und damit zugleich die leidenschaftliche Hoffnung auf die Vollendung der Welt, in der sich Gott selbst endgültig Recht gibt und die Erhörung der Klage ohne Anfechtung gilt.

Die Hoffnung des Glaubens, »daß Gott allein gerecht ist«, ist bei Luther, wie im Buch Hiob und bei Paulus (Römer 11,33-36[125]), im Glauben an Gott den Schöpfer begründet, zu dem die passive Gerechtigkeit des Glaubens befreit. Die Hoffnung auf Gottes Zukunft für die ganze Welt, auf das »Licht der Herrlichkeit«, kehrt sich zur Schöpfung. Sie vertraut dem wirksamen Wort, das Leben schafft, Gemeinschaft gewährt und erhält. Sie vertraut dem Wort, mit dem Gott das Seiende überhaupt erst gerufen hat, so daß es ist. Ohne weltliche Bedingung wurde die Welt ins Sein gerufen, aus reiner Freiheit und in reiner Güte. »Schöpfung aus dem Nichts« besagt, daß alles, was ist, aus lauter Güte ist - ungeschuldet (Hiob 41,3; Römer 11,35): » . . . das alles aus lauter väterlicher, göttlicher Güte und Barmherzigkeit, ohn all' mein Verdienst und Würdigkeit«. So erklärt Luther den ersten Artikel des Glaubensbekenntnisses im Kleinen Katechismus. Daß die Begriffe »Verdienst« und »Würdigkeit«, die unmittelbar zur Sprache der Rechtfertigung gehören, nicht in der Erklärung des zweiten und dritten Artikels, sondern allein in der Erklärung des ersten Artikels gebraucht werden, fällt auf und weist in die Weite und Tiefe des rechtfertigenden Wortes. Es betrifft nicht nur meine eigene Lebensgeschichte, nicht nur die Weltgeschichte, sondern auch die Naturgeschichte; es betrifft alle Dinge.

Wer im Streit der Rechtfertigungen nach dem Grund seines Lebens inmitten dieser Welt fragt, hört, daß alles grundlos - umsonst - ist und sich nicht selbst begründen und rechtfertigen muß. Begründet und gerechtfertigt ist es allein von Gott in seinem grundlosen, freien, Wort der Liebe. Ungeschuldet und bedingungslos sagt es Gemeinschaft zu, Gemeinschaft durch den Tod hindurch. Allein durch diese Zusage geschieht Schöpfung aus dem Nichts, Rechtfertigung des Gottlosen, Auferweckung der Toten. Gottes Zusage läßt aus Glauben leben.

# Anmerkungen

*(Abkürzungen nach S. Schwertner, Internationales Abkürzungsverzeichnis für Theologie und Grenzgebiete (JATG), Berlin/New York, 1976.*
*WA = D. Martin Luthers Werke. Kritische Gesamtausgabe, Weimar 1883ff.*
*Cl = Luthers Werke in Auswahl. 8 Bde., hg. unter Mitarbeit v. O. Clemen/A. Leitzmann, 1962–1967 [de Gruyter].*
*IL = Martin Luther. Ausgewählte Schriften, hg. v. K. Bornkamm/ G. Ebeling, 1982 [Insel])*

1 O. Marquard, Der angeklagte und der entlastete Mensch, in: ders., Abschied vom Prinzipiellen. Philosophische Studien, Reclams Universalbibliothek Nr. 7724 [2], 50f (in den folgenden Sätzen zum größten Teil wörtlich zitiert).
2 D. Bonhoeffer, Widerstand und Ergebung. Briefe und Aufzeichnungen aus der Haft, hg. v. E. Bethge, Neuausgabe 1970, 381f. Vgl. meinen Aufsatz: Wer bin ich? Gott als Autor meiner Lebensgeschichte, in: Theol. Beiträge 11, 1980, 245-261.
3 D. Diderot, zitiert nach R. Koselleck, Vergangene Zukunft der frühen Neuzeit, in: ders., Vergangene Zukunft. Zur Semantik geschichtlicher Zeiten, 1979, 36f, Anm. 17.
4 J. G. Hamann, Golgatha und Scheblimini! Von einem Prediger in der Wüsten, in: J. G. Hamann, Sämtliche Werke, hg. v. J. Nadler, Bd. III, 1951, 299,15.
5 Anaximander (in: Diels-Kranz, Fragmente der Vorsokratiker, 1951, Nr. B 1), nach der Übersetzung von W. Schadewaldt, Die Anfänge der Philosophie bei den Griechen, Bd. 1, 1978, 240.
6 Adjektiv zum lateinischen Substantiv *Forum*, dem öffentlichen Platz, auf dem auch die Gerichtsverhandlungen geführt wurden.
7 Vgl. Frieden mit der Natur, hg. v. K. M. Meyer-Abich, 1979, 30f (Einleitung des Herausgebers).
8 Vom griechischen *theos* (= Gott) und *dike* (= Rechtsstreit).
9 G. W. F. Hegel, Grundlinien der Philosophie des Rechts, §§ 340f (Suhrkamp Theorie-Werkausgabe, Bd. 7, 1970, 503).
10 »Es gibt nur ein wirklich ernstes philosophisches Problem: den Selbstmord. Die Entscheidung, ob das Leben sich lohne oder nicht, beantwortet die Grundfrage der Philosophie. Alles andere . . . kommt später.« So beginnt A. Camus seinen »Versuch über das Absurde«: »Der Mythos von Sisyphos«.
11 O. Marquard (s. o. Anm. 1).
12 Platon, Politeia 617c.
13 Augustin, De immortalitate animae 7,12; MPL 32,1027.
14 G. W. Leibniz, Die Theodizee (PhB 71), 110f.
15 G. W. F. Hegel, Die Vernunft in der Geschichte, hg. v. J. Hoffmeister (PhB 171a), 48.
16 Ebd. Vgl. 76.
17 Ders.: Phänomenologie des Geistes, hg. v. J. Hoffmeister (PhB 114), 1952, 21.
18 Th. W. Adorno, Minima Moralia. Reflexionen aus dem beschädigten Leben, 1973, 57.

19 I. Kant, Über das Mißlingen aller philosophischen Versuche in der Theodizee (1791), in: ders.: Werke in zehn Bänden, hg. v. W. Weischedel, Bd. IX, 114.
20 Ebd. 116. Ebd. auch das folgende Zitat.
21 H. Jonas, Unsterblichkeit und heutige Existenz, in: ders.: Zwischen Nichts und Ewigkeit, Kleine Vandenhoeck Reihe 165, 1963 (44-72), 58. Die folgenden Zitate: 59, 68, 60, 72, 71.
22 Jean-Paul Sartre, L'Existencialisme est un Humanisme (1946), deutsch (»Ist der Existentialismus ein Humanismus?«) in: ders.: Drei Essays (Ullstein 304), 1973, (7-36), 16.
23 WA 54,186,8f, Vorrede zum ersten Band seiner lateinischen Schriften (1545); Cl 4,428,1f; IL I,23. Vgl. den gesamten Textzusammenhang u. im Anhang.
24 WA 6,244,3-6, Von den guten Werken (1520); Cl 1, 267,31-34; IL I,101.
25 M. Luther, Vorrede auf die Epistel S. Pauli an die Römer (1522), in: Luthers Vorreden zur Bibel, hg. v. H. Bornkamm, it 677,1983, (182) = WADB 7,10, 6-8.
26 WA 1,363, 33-36, Heidelberger Disputation (1518); Cl 5,390,17-20.
27 J. G. Hamann, Sämtliche Werke, hg. v. J. Nadler, Bd. II, 1950, 164,18.
28 S. o. Anm. 24; WA 6,248,26f; Cl 1,271,40-272,1; IL I,108.
29 S. o. Anm. 25, (182) = WADB 7,10,9-12.
30 S. o. Anm. 26; WA 1,364,6-8; Cl 5,390,27-30.
31 WA 1,354,21f; Cl 5,379,5f.
32 WA 42,348,37f: »Wenn Du also den Menschen richtig definieren willst, so gewinne aus dieser Stelle die Bestimmung, daß er ein Vernunftwesen sei, das ein Bilder entwerfendes Herz hat« (animal rationale, habens cor fingens). Vgl. dazu meine Studie »Rationalität und Utopie« in: O. Bayer, Umstrittene Freiheit. Theologisch-philosophische Kontroversen, UTB 1092, 1981, 135-151.
33 J. Calvin, Unterricht in der christlichen Religion, I,11,8 (= OS III 96,29f).
34 WA 1, 362, 11-13; Cl 5,388,22-24.
35 WA 40 I,80,1f.
36 S. o. Anm. 25, (182) = WADB 7,8,30f.
37 Ebd. = WADB 7,10,4f.
38 Ebd. = WADB 7,8,32-34.
39 D. Bonhoeffer, s. o. Anm. 2.
40 WA 18,662,12, Vom unfreien Willen (1525); Cl 3,151,27.
41 S. o. Anm. 25, (183) = WADB 7,10,25-27.
42 EKG 127,2.
43 J. Klepper, Kyrie. Geistliche Lieder, [17]1980, 29-31. Klepper zitiert eine Predigt Luthers. Vgl.: Unter dem Schatten deiner Flügel. Aus den Tagebüchern der Jahre 1932–1942 von J. Klepper, hg. v. H. Klepper, 1956, 531 (17. 12. 1937).
44 S. o. Anm. 25, (183) = WADB 7,10,16f und WA 18,605,33f, Vom unfreien Willen (1525); Cl 3,100,33.
45 WA 4,624,21; vgl. O. Bayer, Promissio. Geschichte der reformatorischen Wende in Luthers Theologie, 1971, 324.
46 S. o. Anm. 25, (183) = WADB 7,10,17-19.
47 Augustin, Conf. X,6,8.
48 In welchem Sinne Luther von Gottes Anrede »durch« die Kreatur redet, zeigt beispielhaft seine Predigt über Markus 7,31-37 vom 8. 9. 1538: WA 46, 493–495, analysiert in meinem Aufsatz: Tu dich auf! Verbum sanans et salvificans und das Problem der ›natürlichen‹ Theologie, in: Pastoraltheologie 73, 1984, 318–333.
49 WATR 1,574,8-19 (Nr. 1160).
50 WA 19,226,27f; 227,8f.

51 WA 19,226,9-227,4.
52 WA 40 III (484-594 [1534/35]), 495,3f. Vgl. Evang. Kirchengesangbuch 309.
53 Vorrede zu: Historia Galeatii Capellae 1538; WA 50,385, 15f; IL V,179.
54 WA 43,481,32-35.
55 S. o. Anm. 25, (182f) = WADB 7,10,16f; 6f.
56 WA 2,685, 20-686,8; IL II, 16f.
57 M. Luther, Vorrede auf den Prediger Salomo (1524), in: s. o. Anm. 25, (80f) = WADB 10 II,106,6-15.
58 WA 15,348-379. Vgl. die spätere Auslegung (1532/33): WA 40 III, 202-269.
59 WA 15,372,22-373,17.
60 S. o. Anm. 57, (81) = WADB 10 II,106,9.
61 S. o. Anm. 25, (187) = WADB 7,16,17-19.
62 S. o. Anm. 25, (188) = WADB 7,16,35-38.
63 S. o. Anm. 25, (179) = WADB 7,4,31-34.
64 WA 7,21,1-4; Cl 2,11,6-9; IL I,239.
65 WA 12,157,6-14; IL V,37. Vgl. WA 26,505,11-15; Cl 3,510,34-38; IL II,257.
66 Vgl. dazu und zum folgenden meinen Aufsatz: Macht, Recht, Gerechtigkeit, in: Kerygma und Dogma 30, 1984, 200-212, bes. 210f.
67 S. o. Anm. 25, (183) = WADB 7,10,28-33.
68 Vgl. o. Anm. 36 und 37.
69 BSLK 58; Text modernisiert.
70 M. Luther, Zweite Vorrede auf den Psalter (1528), in: s. o. Anm. 25, (66) = WADB 10 I,100,12-14.
71 WADB 6,8,18f.
72 In diesem Sinne versteht Augustin das äußere Wort. Es ist nur »Zeichen« (= signum), das auf die eigentliche »Sache« (= res) lediglich verweist. Diese »Signifikationshermeneutik« bezeugt sich eindrücklich vor allem in de magistro.
73 WA 5,643,25-29. Vgl. Promissio (s. o. Anm. 45), 249f.
74 WA 10 I/1, 8,12-18,3.
75 WA 10 I/1, 13,22-14,1.
76 M. Luther, Vorrede zur Auslegung des 1. Petrusbriefes 1523. WA 12,259,8-13.
77 M. Luther, Vorrede auf das Neue Testament (1522), in: s. o. Anm. 25, (168f) = WADB 6,2,23-25; 4,1-23.
78 Ebd. 171 = WADB 6,9,18f.
79 Die lange tradierte Unterscheidung der Bibelautorität als des protestantischen Formalprinzips und der Rechtfertigungslehre als des protestantischen Materialprinzips, die August Twesten 1826 eingeführt hat (Vorlesungen über die Dogmatik der ev.-luth. Kirche ..., Bd. 1, [4]1838, 258–260), ist deshalb eine unglückliche Unterscheidung.
80 M. Luther, Vorrede auf die Episteln S. Jacobi und Judae (1522), in: s. o. Anm. 25, (216f) = WADB 7,384,25-32.
81 Vgl. P. E. Schramm, Geschichte des evangelischen Königtums im Lichte der Krönung ([1] 1937), 1970, 179ff (Vom Mandatum regis zur Promissio regis), und K. Sturm, Die Dialektik der Rechtfertigungslehre, in: Neue Stimme, 1978, 13-18.
82 M. Luther, Nachwort zum Psalter (1525), in: s. o. Anm. 25, (70) = WADB 10 I,588, 19f.
83 M. Luther, Erste Vorrede auf den Psalter (1524), in: s. o. Anm. 25, (62f) = WADB 10 I,94,22-26. 96,1-9.
84 WA 26, 505, 38-506, 7; Cl 3, 511, 21-33; IL II,258f.

85 WA 35,477,6-9; IL V,285.
86 A. Dürer im Brief an Spalatin von Anfang 1520 (Schriftl. Nachlaß I Nr. 32); Zitat (modernisiert) nach W. Maurer, Humanismus und Reformation im Nürnberg Pirkheimers und Dürers, in: Jahrbuch für fränkische Landesforschung, Bd. 31, 1971, (19-34) 31.
87 WA 50,626,20f.
88 WA 6,514,19f; Cl 1, 445,30-32.
89 WA 50,652,29; IL V,220.
90 WA 50,629,2f; IL V,189. Vgl. das Bekenntnis von 1528: »Denn Gottes Wort ist heilig und heiligt alles, das an ihm und in ihm ist.« (WA 26,505,9f; Cl 3,510,32f; IL II,257)
91 WA 50,629,20f; IL V,189.
92 WATR 5,5533.
93 WA 26,505,8-10; Cl 3,510,30f; IL II,257f (vgl. Anm. 90). Vgl. meinen Aufsatz: Natur und Institution. Eine Besinnung auf Luthers Dreiständelehre, ZThK 81, 1984, 352-382.
94 WA 26,505,11-21; Cl 3,510,34-511, 4; IL II,257f.
95 In den »Pia desideria« (s. Anm. 96) selbst findet sich diese gewöhnlich zur Interpretation des Mittelteiles dieser Schrift gebrauchte Formel noch nicht. Sie wird erst 1692 in der »Behauptung der Hoffnung künfftiger Besserer Zeiten« (gedruckt 1693) geprägt. Für freundlichen Hinweis danke ich Johannes Wallmann.
96 Ph. J. Spener, Pia desideria, hg. v. K. Aland (Kl. Texte . . ., hg. v. K. Aland, 170, [3]1964), 43ff.
97 Vgl. meinen Aufsatz: Zugesagte Welt in der Verschränkung der Zeiten. Luthers Verständnis der Schöpfung, in: Freiheit und Frömmigkeit. Über Martin Luther (Herrenalber Texte 49, hg. v. W. Böhme), 1983, 9-23.
98 J. A. Bengel, Ordo temporum (1741). Dazu umfassend: G. Sauter, Die Zahl als Schlüssel zur Welt. J. A. Bengels »prophetische Zeitrechnung« im Zusammenhang seiner Theologie, in: Ev. Theologie 26, 1966,1-36.
99 WA 7,59,31 (lat.). Vgl. WA 7,30,5f; Cl 2,36-37; IL I,251f (dt. Fassung).
100 Vgl. o. bei Anm. 57.
101 Vgl. M. Schloemann, Luthers Apfelbäumchen. Bemerkungen zu Optimismus und Pessimismus im christlichen Selbstverständnis (Wuppertaler Hochschulreden 7), 1976.
102 J. G. Hamann, Briefwechsel, hg. v. W.Ziesemer und A. Henkel, Bd. 4, 1959, 315,3-5 (Text korrigiert).
103 Konkordienformel Artikel V, in: BSLK 959,33-960,1 und 960,23-26. Die Zitate des folgenden Abschnittes: Ebd. 965,30-34; 964,39-42 (vgl. 967,38); 969,15f; 969,44f; 967,25; 968,1 (vgl. 969,38-45).
104 M. Luther, Vorrede über das Buch Hiob (1524), in: s. o. Anm. 25, (60) = WADB 10 I,4,24-28.
105 WA 19,223,15 f (zu Jona 2,2; 1526).
106 WA 18,685,22f; Cl 3,177,35-39; vgl. z. B. Ps 13 und Jona 2,3-10; Klagelieder 3,37f; Amos 3,6; Jes 45,7; vgl. Jes 45,15 im Kontrast zu Jes 45,19.
107 Vgl. Anm. 46.
108 Th. W. Adorno (s. o. Anm. 18) 334. Die Zitate im nächsten Abschnitt stammen ebenfalls aus diesem letzten Aphorismus (»Zum Ende«): ebd. 334 und 333.
109 WA 54,185,21-28 (vgl. o. Anm. 23). Vgl. Textanhang S. 76f.
110 G. W. Fr. Hegel, Die Vernunft in der Geschichte, (PhB 171a), 28.

111 G. W. Fr. Hegel, Vorrede zu den Grundlinien der Philosophie des Rechts, in: ders., Sämtliche Werke, Jubiläumsausgabe in 20 Bden., hg. v. H. Glockner, Bd. 7, 1952, 33.
112 Vgl. o. Text bei Anm. 16.
113 G. W. Fr. Hegel, Vorrede zur 2. Ausgabe der Wissenschaft der Logik, in: ders., s. o. Anm. 111, Bd. 4, 1958, 35.
114 I. Kant, Grundlegung zur Metaphysik der Sitten (1785); Kritik der praktischen Vernunft (1787).
115 WA 18,694,26f; Cl 3,187,31-34.
116 Luther kann die Erfahrung des Glaubens »praktisch« nennen, sprengt mit dem, was er damit meint, aber das Schema von Theorie und Praxis. Vgl. z. B. WATR 1, Nr. 153.
117 Die Kennzeichen der theologischen Existenz - das heißt für Luther: der Existenz eines jeden Christen - sind: Gebet, Meditation, Anfechtung (oratio, meditatio, tentatio): WA 50, 658, 29-660,30.
118 WA 18,783-785. S. Anhang: Text II.
119 S. o. Anm. 104 (60) = WADB 10 I,4,8-10.
120 WA 18,784,37-785,10; Cl 3,290, 8-24.
121 WA 18, 785,20; Cl 3,290,37.
122 WATR 1, Nr. 135 u. 155.
123 S. o. Anm. 104, (60) = WADB 10 I,4,17.
124 WA 18,785,35-37; Cl 3,291,15-18.
125 Vgl. WA 18,784,11-15.

# Anhang

Text I

Luthers Zeugnis von seiner Entdeckung und Erfahrung der »passiven« Gerechtigkeit des Glaubens in der Vorrede zum ersten Band der Wittenberger Ausgabe seiner lateinischen Schriften (1545). Der lateinische Text findet sich WA 54,185,12-186,16. Im folgenden ist die deutsche Übersetzung von Gerhard Ebeling wiedergegeben (IL I,22f):

Inzwischen war ich in diesem Jahr bereits wieder zum Psalter zurückgekehrt, um ihn ein zweites Mal auszulegen, im Vertrauen darauf, daß ich jetzt dafür geübter wäre, nachdem ich die Briefe des Paulus an die Römer und Galater und den an die Hebräer in Vorlesungen behandelt hatte. Ein ganz ungewöhnlich brennendes Verlangen hatte mich gepackt, Paulus im Römerbrief zu verstehen; aber nicht Kaltherzigkeit hatte mir bis dahin im Wege gestanden, sondern ein einziges Wort, das im ersten Kapitel steht: »Gottes Gerechtigkeit wird darin offenbart.« (Röm. 1,17) Denn ich haßte diese Vokabel »Gerechtigkeit Gottes«, die ich durch die übliche Verwendung bei allen Lehrern gelehrt war philosophisch zu verstehen von der sogenannten formalen oder aktiven Gerechtigkeit, mittels derer Gott gerecht ist und die Sünder und Ungerechten straft.

Ich aber, der ich, so untadelig ich auch als Mönch lebte, vor Gott mich als Sünder von unruhigstem Gewissen fühlte und mich nicht darauf verlassen konnte, daß ich durch meine Genugtuung versöhnt sei, liebte nicht, nein, haßte den gerechten und die Sünder strafenden Gott und war im stillen, wenn nicht mit Lästerung so doch allerdings mit ungeheurem Murren empört über Gott: Als ob es wahrhaftig damit nicht genug sei, daß die elenden und infolge der Erbsünde auf ewig verlorenen Sünder mit lauter Unheil zu Boden geworfen sind durch das Gesetz der zehn Gebote, vielmehr Gott durch das Evangelium zum Schmerz noch Schmerz hinzufüge und auch durch das Evangelium uns mit seiner Gerechtigkeit und seinem Zorn bedrohe. So raste ich wilden und wirren Gewissens; dennoch klopfte ich beharrlich an eben dieser Stelle bei Paulus an mit glühend heißem Durst, zu erfahren, was St. Paulus wolle.

Bis ich, dank Gottes Erbarmen, unablässig Tag und Nacht darüber nachdenkend, auf den Zusammenhang der Worte aufmerksam wurde, nämlich: »Gottes Gerechtigkeit wird darin offenbart, wie geschrieben steht: Der Gerechte lebt aus Glauben.« Da begann ich, die Gerechtigkeit Gottes zu verstehen als die, durch die als durch Gottes Geschenk der Gerechte lebt, nämlich aus Glauben, und daß dies der Sinn sei: Durch das Evangelium werde Gottes Gerechtigkeit offenbart, nämlich die passive, durch die uns der barmherzige Gott gerecht macht durch den Glauben, wie geschrieben ist: »Der Gerechte lebt aus Glauben.« Da hatte ich das Empfinden, ich sei geradezu von neuem geboren und durch geöffnete Tore in das Paradies selbst eingetreten. Da zeigte mir sofort die ganze Schrift ein anderes Gesicht. Ich durchlief dann die Schrift nach dem Gedächtnis und sammelte entsprechende Vorkommen auch bei anderen Vokabeln: z. B. Werk Gottes, das heißt: was Gott in uns wirkt; Kraft Gottes, durch die er uns kräftig macht, Weisheit Gottes, durch die er uns weise macht, Stärke Gottes, Heil Gottes, Herrlichkeit Gottes.

Wie sehr ich vorher die Vokabel »Gerechtigkeit Gottes« gehaßt hatte, so pries ich sie nun mit entsprechend großer Liebe als das mir süßeste Wort. So ist mir diese Paulus-Stelle wahrhaftig das Tor zum Paradies gewesen.

Text II

Am Ende der gegen Erasmus gerichteten großen Schrift »Daß der freie Wille nichts sei« (1525) findet sich folgender Textzusammenhang (nach der Übersetzung von Bruno Jordahn, in: Martin Luther, Ausgewählte Werke, hg. v. H. H. Borcherdt und G. Merz, 1. Bd. der Ergänzungsreihe, 3. Aufl. 1954, 243-246; lateinischer Urtext: WA 18,783,17-785,38):

Ich bekenne freilich von mir: Wenn es irgend geschehen könnte, wollte ich nicht, daß mir der freie Wille gegeben wird, oder daß etwas in meiner Hand gelassen würde, wodurch ich mich um das Heil bemühen könnte, nicht allein deswegen, weil ich in soviel Anfechtungen und Gefahren, gegenüber sovielen anstürmenden Dämonen nicht zu bestehen und jenes nicht festzuhalten vermöchte, da ein Dämon mächtiger ist als alle Menschen und kein einziger Mensch gerettet würde, sondern weil ich, auch wenn keine Gefahren, keine Anfechtungen, keine Dämonen da wären, dennoch gezwungen sein würde, beständig aufs Ungewisse hin mich abzumühen und Lufthiebe zu machen; denn mein Gewissen wird, wenn ich auch ewig leben und Werke tun würde, niemals gewiß und sicher sein, wieviel es tun müßte, um Gott genug zu tun.

Denn bei jedem vollbrachten Werk bliebe der ängstliche Zweifel zurück, ob es Gott gefalle oder ob er etwas darüber hinaus verlange, so wie es die Erfahrung aller Werkgerechten beweist und ich zu meinem Unglück so viele Jahre hindurch genügend gelernt habe. Aber nun, da Gott mein Heil meinem Willen entzogen und in seinen Willen aufgenommen hat und nicht auf mein Werk oder Laufen hin, sondern aus seiner Gnade und Barmherzigkeit verheißen hat, mich zu erretten, bin ich sicher und gewiß, daß er treu ist und mir nicht lügen wird, außerdem mächtig und gewaltig ist, daß keine Dämonen und keine Widerwärtigkeiten imstande sein werden, ihn zu überwältigen oder mich ihm zu entreißen. »Niemand«, sagt er, »wird sie aus meiner Hand reißen, weil der Vater, der sie mir gegeben hat, größer ist als sie alle.« So geschieht es, daß, wenn nicht alle, so doch einige und viele gerettet werden, während durch die Kraft des freien Willens geradezu keiner errettet würde, sondern wir alle miteinander verloren gingen. Da sind wir auch gewiß und sicher, daß wir Gott gefallen, nicht durch das Verdienst unseres Werkes, sondern durch die Huld seiner Barmherzigkeit, die uns verheißen ist, und, wenn wir weniger tun oder böse handeln, daß er es uns nicht zurechnet, sondern väterlich vergibt und bessert. Das ist der Ruhm aller Heiligen in ihrem Gott.

Wenn dich aber das erschreckt, daß es schwierig ist, die Gnade und Gerechtigkeit Gottes zu wahren, der doch die, die es nicht verdient haben, verdammt, d. h. solche Gottlose, die in Gottlosigkeit geboren auf keine Weise sich selbst helfen können, daß sie nicht gottlos sind, bleiben und verdammt werden und, da ihre Natur nicht anders kann, sündigen und verlorengehen müssen, wie Paulus sagt: »Wir waren alle Kinder des Zorns wie die andern«, da sie von Gott selbst aus dem durch die Sünde des einen Adam verderbten Samen als solche geschaffen sind, so ist hier Gott zu ehren und zu fürchten als der, der größte Gnade an denen erweist, die er rechtfertigt und errettet, und zwar sind das solche, die es überhaupt nicht verdient haben, und man muß schließlich einiges seiner göttlichen Weisheit überlassen, auf daß geglaubt werde, es sei gerecht, wo er uns ungerecht zu sein scheint. Wenn nämlich seine Gerechtigkeit derartig wäre, daß der Mensch mit seiner Fassungskraft darüber befinden könnte, daß sie gerecht ist, so wäre sie durchaus nicht göttlich und in nichts von der menschlichen Gerechtigkeit unterschieden. Aber da Gott ein einiger und wahrer Gott ist, ferner völlig unbegreiflich und der menschlichen Vernunft unzugänglich, so ist es angemessen, ja vielmehr notwendig, daß auch seine Gerechtigkeit unbegreiflich ist. So wie auch Paulus es mit den Worten ausruft: »O welch eine Tiefe des Reichtums beider, der Weisheit und der Erkenntnis Gottes, wie unbegreiflich sind seine Gerichte und wie unerforschlich seine Wege!«

Sie wären aber nicht unbegreiflich, wenn wir in jeder Hinsicht es fassen könnten, weshalb sie gerecht sind. Was ist der Mensch im Vergleich zu Gott? Wie viel ist es, was unsere Macht vermag im Vergleich zu seiner Macht? Was ist unsere Stärke im Vergleich zu seinen Kräften? Was ist unser Wissen,

verglichen mit seiner Weisheit? Was ist unser Wesen im Vergleich zu seinem Wesen? Kurzum, was ist alles Unsrige im Vergleich zu dem Seinigen? Wenn wir also bekennen, auch auf Grund dessen, was die Natur lehrt, daß menschliche Macht, Stärke, Weisheit, Wesen und alles, was zu uns gehört, ganz und gar nichts ist, wenn es mit der göttlichen Macht, Stärke, Weisheit, Wissen und Wesen verglichen wird, wie verkehrt ist es da von uns, daß wir allein Gottes Gerechtigkeit und Gericht anfechten und nur für unser Urteil es in Anspruch nehmen, das göttliche Urteil begreifen, beurteilen und würdigen zu wollen? Weshalb sagen wir nicht auch hier einfach: Unser Urteil ist nichts, wenn es mit dem göttlichen Urteil verglichen wird? Frage die Vernunft selbst um Rat, ob sie nicht überführt dasteht und bekennen muß, daß sie töricht und verwegen ist, wenn sie nicht Gottes Urteil unbegreiflich sein läßt, da sie zugibt, daß alles andere Göttliche unbegreiflich ist. Freilich, in allem andern gestehen wir Gott die göttliche Majestät zu, allein bei seinem Gericht sind wir bereit, sie zu verneinen, und können inzwischen nicht glauben, daß er gerecht sei, obwohl er es uns verheißen hat, daß er es sein werde, wenn er seine Herrlichkeit offenbart hat, so daß wir alle es dann sehen und greifen sollen, daß er gerecht gewesen ist und es noch ist.
Ich will ein Beispiel zur Befestigung des Glaubens geben und um jenes nichtswürdige Auge zu ermutigen, das Gott der Ungerechtigkeit für verdächtig hält. Siehe, so leitet Gott diese körperliche Welt in äußerlichen Dingen, daß, wenn man das Urteil der menschlichen Vernunft ansieht und ihm folgt, man gezwungen ist zu sagen, entweder daß kein Gott ist, oder daß er ungerecht ist, wie jener sagt: »Ich werde oft von dem Gedanken beunruhigt, daß es keine Götter gibt.« Denn siehe, wie es den Bösen ganz nach Wunsch, hingegen den Guten sehr elend ergeht; was die Sprichwörter und die Erfahrung, die Mutter der Sprichwörter, bezeugen: »Je größer der Schalk, desto besser das Glück.« »In den Hütten der Gottlosen«, sagt Hiob, »herrscht Überfluß«. Und Ps. 73,12 klagt, daß die Sünder in der Welt Überfluß an Reichtum haben. Hör einmal, ob es nicht nach dem Urteil aller sehr ungerecht ist, daß die Bösen mit Glücksgütern gesegnet und die Guten schwer heimgesucht werden? Aber so läßt es der Lauf der Welt offen erkennen. Hier sind auch die höchsten Geister darauf verfallen zu verneinen, daß Gott sei, und zu ersinnen, daß das Glück alles blindlings treibe, wie z. B. die Epikuräer und Plinius. Ferner meint Aristoteles, daß jenes sein erstes Sein, damit es vom Elend befreie, nichts von den Dingen sehe als sich allein, weil er glaubt, es sei ihm sehr beschwerlich, soviele Leiden und soviele Ungerechtigkeiten zu sehen.
Die Propheten aber, welche geglaubt haben, daß Gott sei, sind vielmehr hinsichtlich der Ungerechtigkeit Gottes versucht worden, wie Jeremia, Hiob, David, Asaph und andere. Was, meinst du, haben Demosthenes und Cicero gedacht, wenn sie alles, was sie vermochten, ausgeführt hatten, und ihnen das so schlecht gelohnt wurde, daß sie elend untergingen? Und dennoch wird diese Ungerechtigkeit Gottes, die höchst wahrscheinlich ist und mit solchen Argumenten vorgetragen wird, denen keine Vernunft oder Licht der Natur widerstehen kann, sehr leicht durch das Licht des Evangeliums und die Kenntnis der Gnade aufgehoben, durch welche wir gelehrt werden, daß die Gottlosen wohl leiblich in Blüte stehen, an der Seele aber zugrunde gerichtet werden. Und es gibt für diese ganze unlösbare Frage diese kurze Lösung in

einem Wörtlein, nämlich: Es ist ein Leben nach diesem Leben, in welchem alles, was hier nicht bestraft und belohnt wird, dort bestraft und belohnt wird, da dieses Leben nichts als der Vorläufer oder vielmehr der Anfang des zukünftigen Lebens ist.

Wenn also das Licht des Evangeliums, das allein im Wort und im Glauben kräftig ist, so Großes zuwege bringt, daß diese in allen Jahrhunderten behandelte und niemals gelöste Frage so leicht beigelegt und geschlichtet wird, was, meinst du, wird wohl dann sein, wenn das Licht des Wortes und des Glaubens zurücktritt und die Sache selbst und die göttliche Majestät durch sich selbst wird offenbar? Oder glaubst du nicht, daß dann das Licht der Herrlichkeit die Frage, welche im Licht des Wortes oder der Gnade unlösbar ist, gar sehr leicht lösen kann, da das Licht der Gnade die im Licht der Natur unlösbare Frage so leicht gelöst hat?

Setze mir dreierlei Licht, das Licht der Natur, das Licht der Gnade, das Licht der Herrlichkeit, wie es eine allgemein bekannte und gute Unterscheidung hält. Im Licht der Natur ist es unlösbar, daß das gerecht ist, wenn der Gute heimgesucht wird und es dem Bösen gutgeht. Aber das löst das Licht der Gnade. Im Lichte der Gnade ist es unlösbar, wie Gott den verdammen mag, der aus irgendwelchen eignen Kräften nicht anders tun kann als sündigen und schuldig werden. Hier sagt das Licht der Natur wie das Licht der Gnade, es sei Schuld nicht des elenden Menschen, sondern des ungerechten Gottes, denn sie können nicht anders über Gott urteilen, der den gottlosen Menschen umsonst ohne Verdienst krönt und einen andern, der vielleicht weniger oder wenigstens nicht mehr gottlos ist, nicht krönt, sondern verdammt. Aber das Licht der Herrlichkeit sagt etwas anderes und wir zeigen, daß Gott, dessen Gericht eben noch eine unbegreifliche Gerechtigkeit in sich birgt, von höchst gerechter und höchst offensichtlicher Gerechtigkeit ist, nur, daß wir inzwischen das glauben sollen, gemahnt und gefestigt durch das Beispiel des Lichtes der Gnade, welches ein ähnliches Wunder beim natürlichen Licht vollbringt.